DAS WAPPEN VON BAYERN

PAUL ERNST RATTELMÜLLER

DAS WAPPEN VON BAYERN

SÜDDEUTSCHER VERLAG

Der Band enthält 8 farbige Wappen-
darstellungen sowie Zeichnungen in Schwarzweiß
von Paul Ernst Rattelmüller

ISBN 3-7991-6435-9

Druck: Seitz Druck GmbH, München
Bindearbeit: Conzella, München

Inhalt

Frühe Siegel – frühe Wappen

Die Entwicklung des bayerischen Wappens ist im Grund ein Spiegelbild bayerischer Geschichte. Seine Veränderungen zeigen Herrschaftswechsel, Gebietszuwachs oder neue Würden für das Herrscherhaus der Wittelsbacher an.

Das Wappen von Bayern und seine Geschichte ist bis zum Jahr 1918 die Geschichte eines Familienwappens. Das Wappen war ja zunächst nicht nur das Symbol von Staatshoheit; es war auch Sinnbild der Fürstenherrschaft – jedenfalls bis zum November 1918, wo der Sturz der Monarchie der Wappeneinheit von Staat und dem regierenden Haus der Wittelsbacher ein jähes Ende gesetzt hat.

Im folgenden ist viel von Wappen die Rede und von Siegeln. Dazu muß gesagt werden, daß Wappen und Siegel grundverschiedene Dinge sind, daß aber die ersten Nachweise für Wappen uns durch Siegel erhalten sind. Folglich kennen wir von den ältesten Wappen zwar die Bilder, aber nicht die Farben.

Über die Geschichte des wittelsbachischen Hauswappens hat Georg Maria Jochner, vormals Geheimer Sekretär des königlich-bayerischen Geheimen Staatsarchives, 1894 eine größere Abhandlung in der Zeitschrift *Das Bayerland* veröffentlicht. Und er beginnt mit einer Urkunde, in der dem Benediktinerkloster Ensdorf im Vilstal südlich von Amberg eine Schenkung gemacht wird. Das Kloster ist von dem Pfalzgrafen Otto IV. von Wittelsbach 1121 gegründet worden, und dessen Witwe, die Pfalzgräfin von Lengenfeld, hat im Jahre 1166 für ihr und ihrer Vorfahren Seelenheil diesem Kloster eine Schenkung gemacht. An dieser Urkunde hängt ein Siegel. »Dieses speziell wittelsbachische Siegel aus

7

einer Zeit, in welcher es noch keine heraldischen Siegel gibt, ist ein hochinteressantes Inventarstück aus längst verschwundenen Tagen. In ovaler Form zeigt dasselbe die Porträtsbüste der Pfalzgräfin in antikem, klassischem Profil mit einem schleierartigen Kopfputze ... die Legende [Umschrift], soweit sie heute noch lesbar ist, lautet: ›+ Elica + [dei] gra [tia] ... Co [mitissa Palatina]‹.

Warum nun hat die Pfalzgräfin gerade die Form und Nachahmung einer antiken Gemme gewählt, als sie siegeln wollte? Warum hat sie nicht vielmehr für diesen Zweck das Wappen ihrer Familie oder jenes der Wittelsbacher gebraucht?«

Nun, die Antwort ist einfach: Es hat damals noch gar keine Wappen gegeben. Keines der alten Geschlechter im Land hatte ein angestammtes Familienwappen. Ein nach unseren Begriffen heraldisches Wappen war dem frühen Mittelalter noch unbekannt. Es gibt zwar in der Merowinger- und Karolingerzeit, auch bei den späteren deutschen Königen, Siegel. Aber es sind ganz persönliche Siegel des Königs oder Kaisers; Siegel, die nur ihm zustehen und nicht der Familie, Porträtsiegel mit seinem Bild, Siegel, die dem antiken Annulus nachempfunden sind.

In seiner Jubiläumsschrift zum Jahr 1880 *Der Wittelsbacher Stamm-, Haus-, und Geschlechtswappen* erwähnt Ritter von Mayerfels solche Siegel, nämlich jene vier des Kaisers Heinrich IV., »der, je nachdem die betreffenden Fertigungen aus einer bestimmten Periode seines Lebens herstammen, augenscheinlich auch jedesmal wieder eines anderen Siegels sich bediente — so zwar, daß wir höchst merkwürdiger Weise dessen sphragistisches Porträt nach seinen verschiedenen Lebensaltern: als Kind, Knabe, Jüngling und Mann — sachgemäß und künstlerisch nach den ganz richtigen und natürlichen Zeitabständen behandelt — im wirklichen Siegelgebrauche angewendet, verfolgen können.« So ein Porträtsiegel benützt auch der agilolfingisch-bayerische Herzog Thassilo. Er siegelt mit einem Gemmensiegel, das sein eigenes Brustbild zeigt.

Aber hier dürfen wir doch Georg Maria Jochner zitieren: »Freilich hat man bereits im 15. Jahrhundert eine sogenannte Ahnen- wie Wappenwut gekannt, indem man alten Geschlechtern oder fernen, noch wenig zugänglichen Ländern für die frühesten Zeiten ihrer Geschichte Wappen andichtete, die niemals vorhanden gewesen; – so finden wir auch im großen Rathaussaale in München im Wappenfriese eine Anzahl von erdichteten, für diesen bestimmten Zweck ersonnene Wappen …« (Es ist jener große Saal des alten Rathauses, der im Zweiten Weltkrieg zerstört und nach dem Krieg wieder aufgebaut worden ist.) Und Jochner fährt fort: »Auch im ›alten Hof‹, der einstmaligen Residenz, sieht man solche Errungenschaften eingebildeter Wissenschaft. Diese Fresken sind heute im Wittelsbacher Saal des Bayerischen Nationalmuseums.

Daß man auch dem mächtig aufstrebenden Geschlechte der Grafen von Scheyern ein gelehrtes Wappen aufhalste, darf demgemäß keineswegs mehr verwundern. Graf Eckehardts von Scheyern berühmter ›Bundschuh‹ spukte lange in allen möglichen Köpfen und Werken herum als wirkliches, wahrhaftiges Hauswappen der wittelsbachischen Ahnen, bis er nunmehr endlich als Märchen den lieben Märchenbüchern einverleibt wurde. Selbstverständlich gingen ebenso die Wittelsbacher nicht leer aus. So behauptet im dritten Band der Abhandlungen der Akademie der Wissenschaften ein gelehrter Herr Pfeffel, daß die Grafen von Wittelsbach und Scheyern, ›vor ihrer Erhebung auf den herzoglichen Thron einen silbernen Schild mit einer eckig ausgekrümmten rothen Straße von jeher geführt haben‹. Pfeffel schreibt, diese Erkenntnis habe er ›aus einer Menge Siegel, die mir nach und nach vor

9

Augen gekommen sind, ganz zuverlässig erfahren‹.« Jochner kann sich
die Bemerkung – sicher mit Recht – nicht verkneifen: »leider aber sagt
der gelehrte Verfasser nicht, wo er ›diese Menge Siegel‹ gesehen hat,
und bisher ist es nicht gelungen, auch nur ein einziges derartiges Be-
weisstück aufzufinden.«

DER ADLER

Das erste wirklich nachweisbare Siegel mit einem Wappenbild
stammt von Otto, dem nachmaligen ersten wittelsbachischen Herzog
von Bayern. Im Jahr 1179 überläßt er, noch als Pfalzgraf, dem Benediktinerkloster Rott am Inn einen Hof bei Neufarn. An der hierüber ausge-
fertigten Urkunde hängt dieses älteste und erste Wappensiegel der Wittelsbacher. Es hat eine länglich spitzovale Form und ist leider ein
Bruchstück. Aber man kann im Feld einen linksschauenden Adler er-
kennen und die Fragmente einer Legende: + OTTO .·. DE [I GRATIA
COMES DE WITTEL] SPACH.

Das erste Wappen der Wittelsbacher zeigt also einen Adler. Ist es der
kaiserliche Adler? Ist er Zeichen der Würde eines kaiserlichen Banner-
trägers? Otto von Wittelsbach war ja schließlich nicht nur 1155 an der
Veroneser Klause Bannerträger des Kaisers. – Ist der Adler von Kaiser
Friedrich Barbarossa dem Wittelsbacher und seinen Erben aus
Dankbarkeit für treu geleistete Dienste verliehen? Oder ist der Adler lediglich ein kaiserliches Amtswappen? Schließlich hat ja schon Kaiser
Heinrich V. dem Grafen Otto IV. von Wittelsbach zum Dank für die
Hilfe auf der Fahrt nach Rom wieder das Reichsamt der Pfalzgrafen-
würde verliehen. Der Adler könnte also auch das pfalzgräfliche Amts-
wappen sein. Ritter von Mayerfels meint, »mit voller Bestimmtheit« sei

der Adler »das eigentliche, ursprüngliche und allein wahre Stamm-
und Geschlechtswappen der Wittelsbacher … und zwar mit umso grö-
ßerer Sicherheit, als auch in Siegeln vieler, den wittelsbachischen Pfalzgrafen zunächst verwandten Dynastengeschlechter z. B. Andechs,
Meran, Alt-Ysterreich etc. gleichfalls Adler erscheinen, die vielleicht
nur durch Tinkturenverwechslung, welch letztere dann in solchem
Falle als heraldisches Beizeichen gedient haben mag, jene verschiedenen Abzweigungen des scheyern-wittelsbachischen Hauptstammes heraldisch kennzeichneten«. Mayerfels vermutet sogar, daß der Adler bereits das Zeichen der Grafen von Scheyern gewesen sein könnte, weil
sie ja ihre Abstammung von den Karolingern herleiten und »wohl deshalb schon als bedeutungsvolles Erinnerungzeichen den damals allerdings bloß ornamentalen kaiserlichen Aar zu ihrem zeitweiligen Symbole« gewählt haben mochten.

11

Von Otto Wittelsbach, dem ersten wittelsbachischen Herzog von Bayern (1180 – 1183), ist kein weiteres Siegel erhalten. Das gleiche Wappen aber führt sein Sohn Ludwig I., der Kelheimer (1183 – 1232). Auf einem runden Reitersiegel um das Jahr 1196 sehen wir ihn auf galoppierendem Roß, den Schild mit dem Adler auf der Brust. Der Adler schaut allerdings nach rechts. Die umlaufende Legende lautet: »+ LODOWICUS · DEI · GRACIA · DUX · BAWARIE«.

Diesen Schild mit dem Adler führten nicht nur der Herzog, sondern auch Mitglieder seiner Familie, Pfalzgraf Otto VII. zum Beispiel, jener unselige Wittelsbacher, der 1208 den König Philipp von Schwaben aus privater Rache in Bamberg ermordet hatte, verwendet als Wappenbild ebenfalls den nach rechts schauenden Adler in seinem Siegel vom Jahre 1207. Welche Farben diese Wappen gehabt haben, – ob Gold in Blau oder Rot in Silber – ist nicht überliefert.

12

Ergänzend dazu sei angeführt, was in dem Ausstellungskatalog *Wappen in Bayern* über den Adler ausgesagt ist: »Die zwei ältesten Zeichen der Wittelsbacher blieben bei der Ausbildung der endgültigen, vererblichen Familienwappen im 13. Jh. unberücksichtigt. Von 1166 bis 1208 erscheint in den Siegeln zuerst als Amtswappen für das königliche Pfalzgrafenamt in Bayern der einköpfige Adler des Reiches. Daß nach der Belehnung des Geschlechts mit dem Herzogtum Bayern 1180 im Siegel des zweiten Herzogs Ludwig I. (1183–1231) und noch später auf landesherrlichen Münzen der Adler beibehalten wurde, läßt auf seine damalige Doppelfunktion als Amtswappen und Familienzeichen schließen. Die Zuweisung eines goldenen Adlers in Schwarz für Bayern im Armorial Bigot 1253/54 bezieht sich dagegen auf die Reichsverweserschaft des Herzogs als Pfalzgraf bei Rhein für den damals abwesenden König Konrad IV. – Soweit die lückenhafte Überlieferung der wittelsbachischen Siegel aus dem 1. Viertel des 13. Jh. und die teilweise unsichere oder fehlende Datierung der mit Siegeln versehenen Urkunden überhaupt Anhaltspunkte geben, begründen sie die Meinung, daß der Adler in den Siegeln nur bis etwa 1214/16 verwendet wurde.«

DER GEZACKTE BALKEN

Die einzigen Quellen für den Heraldiker bleiben Siegel, und da gibt ohne Zweifel ein zweites Siegel Ludwig des Kelheimers den Forschern ein Rätsel auf. Fast vierzig Jahre schon ist der Herzog an der Regierung, als 1220 eine Urkunde des Klosters St. Zeno in Reichenhall mit seinem Siegel versehen wird. Diesmal trägt er auf seiner Brust den Schild mit einem gezackten Balken.

In dem bereits erwähnten Katalog *Wappen in Bayern* steht darüber

unter dem Stichwort ›Zickzackbalken‹ zu lesen: »In der Folgezeit [d. h. etwa 1214/16] bis mindestens 1229 erscheint in den Herzogssiegeln ein Zickzackbalken. Bis heute kann dieses Heroldsbild nicht befriedigend erklärt werden. Vielleicht war es das älteste Familienzeichen der Wittelsbacher aus der Frühzeit des Wappenwesens, wie schon Wiguleus Hund in seinem ›Bayrisch Stammenbuch‹ 1580 vermutete, das ein halbes Jahrhundert lang hinter dem wichtiger dünkenden Amtsadler zurückstehen mußte. Jedenfalls wurde es im späteren 13. Jahrhundert in Ministerialensiegel, seit der Mitte des 14. Jahrhunderts als Wappen von Klöstern aufgenommen, die die Pfalzgrafen von Wittelsbach im 12. Jahrhundert gegründet hatten (Scheyern, Ensdorf, Indersdorf, Geisenfeld). Dabei verursachte das Fehlen sicherer Überlieferungen Verschiedenheiten der Farbgebung des Zickzackbalkens in den Klosterwappen.« Der Sohn Ludwig des Kelheimers, Otto II., der Erlauchte, trägt

14

den Schild mit dem gezackten Balken ebenfalls. »Die Siegel dieser beiden Herzoge sind noch ganz besonders merkwürdig, weil darunter die einzigen Doppelsiegel sind, welche je von Wittelsbachern gebraucht wurden. Auf der Averseite – der Vorderseite – erblicken wir jedesmal den Herzog Ludwig resp. seinen Sohn Otto mit der Fahne, auf der Rückseite mit dem Schwerte, immer jedoch führen sie im Schilde den gezackten Balken«. Und immer sitzen sie hoch zu Roß. Besonders interessant ist bei diesem Doppelreitersiegel Ludwigs die Inschrift auf der Vorderseite: »... CUS DEI G ... US RH ...« Denn die Buchstaben RH beweisen, daß der Herzog den Titel eines Pfalzgrafen bei Rhein angenommen hat, ohne sein Wappenbild zu ändern. Dabei ist er persönlich nicht mit dem pfälzischen Lande belehnt worden; er ist lediglich seit 1214 Lehensvormund für seinen Sohn Otto, der minderjährig mit Agnes, der Erbin der pfälzischen Allodialgüter, verlobt wird. Agnes ist die Tochter des welfischen Pfalzgrafen Heinrich I.

Der Löwe

Auf dem Hoftag in Nürnberg wird 1212 diese Verlobung vollzogen. Agnes ist die Schwester des letzten rheinischen Pfalzgrafen Heinrich II., der zwei Jahre später stirbt. Nach weiteren acht Jahren übernimmt Otto 1222 die Regierung seiner pfälzischen Lande selbst, und als sein Vater 1231 gewaltsam umkommt auch die des bayerischen Gebietes. Noch vor dem Tod des Vaters siegelt er 1230 eine (Windorfer) Urkunde mit dem Wappenbild eines ungekrönten Löwen.

Der pfälzische Löwe kommt zunächst von den Welfen, die vor dem Pfalzgrafen bei Rhein waren und die ihn mit einiger Sicherheit 1195 aus dem ältesten bekannten Familienwappen der Hohenstaufen mit

15

nur einem Löwen übernommen haben. In einem Werk des Historikers Scheidt über die Welfen ist das Reitersiegel Herzog Heinrichs, des Schwiegervaters von Herzog Otto dem Erlauchten, beschrieben: »Die Rechte hält das Panner mit einem Löwen, die Linke dagegen den Schild mit zwei Löwen, jenen des Herzogtums und den der Pfalzgrafschaft ... Aber verschieden verhielt es sich mit der rheinischen Pfalzgrafschaft und dem braunschweigischen Herzogtum; dieses, welches vom Vater und Großvater überkommen war, wurde beibehalten ... Die Pfalzgrafschaft aber, durch Heirat erworben, mußte dem Sohne jener Frau, durch welche sie erworben, übergeben werden, sobald dieser mündig geworden, und konnte demgemäß nicht weiter vom Vater beibehalten werden. Der Sohn – eben jener Heinrich – hatte den vom Vater und den Vorfahren der Welfen ererbten Löwen als Geschlechtswappen, welches die Herzoge von Bayern mit der Erwerbung der Pfalzgrafschaft mit annahmen und mit ihrem wittelsbachischen Wappen verbanden ...«

Das Wappen, das 1229 Otto II., der Erlauchte, auf seinem Reitersiegel führt, zeigt also zum erstenmal den ungekrönten pfälzischen Löwen: Bereits ein Jahr später führt er in seinem dritten Siegel den gekrönten Löwen. Dieser Löwe bleibt – von einer ganz kurzen Zeit abgesehen – ein fester Bestandteil des wittelsbachischen und bayerischen Wappens bis in unsere Tage. Wie selbstverständlich spricht man vom ›bayerischen‹ Löwen, kaum mehr vom ›pfälzischen‹ und schon gar nicht vom ›welfischen‹ oder gar ›staufischen‹.

Der neueste Stand der Forschung ist in dem Katalog *Wappen in Bayern* niedergelegt: »Bevor der heute in aller Welt als das Wahrzeichen Bayerns bekannte Löwe Familienzeichen der Wittelsbacher wurde, war er Sinnbild der Pfalzgrafschaft bei Rhein. Nach der Verlobung Herzog

16

Otto II., der Erlauchte,
nach einem Siegel von 1233

Ottos von Bayern mit der Erbtochter Agnes des welfischen Pfalzgrafen Heinrich des Langen wurden er und sein Vater Herzog Ludwig I. als Lehensvormund von König Friedrich II. 1214 mit der Pfalzgrafschaft belehnt. Nach dem Tod des Schwiegervaters konnte Otto 1228 Amt und Erbschaft antreten. Schon ein Jahr später erscheint für ihn im Siegel ein Löwe als Schildbild. Man hielt diesen früher für das Zeichen der Welfen. Daß er jedoch von den Hohenstaufen herkommt, die bis 1195 Pfalzgrafen bei Rhein waren, wird heute kaum mehr bezweifelt. Pfalzgraf Konrad aus dem staufischen Geschlecht (1145 – 1195) hatte als Träger eines Reichsamts gleich den wittelsbachischen Pfalzgrafen in Bayern den Adler geführt. Siegel sind zwar nicht von ihm überliefert, aber ein Pfennig von etwa 1190/95 zeigt außer dem Adler einen herschauenden Löwen. Er ist als staufisches Hauswappen für die Herzöge von Schwaben seit 1180 bekannt. Im Siegel von 1198 trägt der welfische

17

Nachfolger Heinrich den Adlerschild, in den folgenden Siegeln von 1201 und 1213 stehen zwei Leoparden aus dem englischen Königswappen im Schild und 1201 erscheint ferner ein schreitender Löwe auf dem Gonfanon. Analog zu anderen Fällen könnte man diesen als Emblem des staufischen Vorgängers im Amt erklären. Den besten Beweis dafür, daß der seit 1229 von den bayerischen Herzögen geführte steigende Löwe staufischen Ursprungs ist, bietet die von den welfischen Farben völlig abweichende, schon im 13. Jahrhundert bezeugte Tingierung Gold und Schwarz, wenn auch in Umkehrung für Löwe und Feld. Die (rote) Krone des Löwen ist 1229 neu hinzugekommen, offenbar wegen des hohen Ranges der Rheinpfalzgrafen im Reich als Verweser für das Reichsoberhaupt und Vorsitzender des Fürstengerichts. Sie fiel erst seit 1923 in den Staatswappen Bayerns aus mißverstandener republikanischer Strenge weg.

Zu den sphragistischen Nachweisen des Löwen gesellten sich unter Otto II. die numismatischen. Aus der Belehnung der Vögte von Plauen und Weida mit dem Löwenwappen durch Herzog Rudolf 1294 läßt sich schließen, daß ein gleicher Rechtsakt schon 1244 stattfand. Um 1260 nennt Konrad von Mure für den Pfalzgrafen den goldenen Löwen in Schwarz; dessen Bedeutung als Wappen des ›ducatus Bavariae‹ betont 1338 Ludwig d. Bayer. Gleichzeitig ist die farbige Wiedergabe des Löwen auf dem Banner in der Zürcher Wappenrolle. Die Vereinigung des Löwen mit den Rauten im Schild vollzog sich erst im 14. Jahrhundert. Als der gevierte Schild üblich wurde, wählten alle Linien des Herzogshauses dafür Löwe und Rauten, wobei deren Reihenfolge ohne ersichtlichen Grund ständig wechselte.«

Und über den ›schwäbischen‹ Löwen erfahren wir: »In den Staatswappen von 1923 und 1950 werden die schwäbischen Gebietsteile Bayerns durch drei herschauende Löwen (auch ›Leoparden‹ genannt) vertreten. Sie rühren von dem Zeichen her, das die Hohenstaufen als Herzöge von Schwaben in der Zeit zwischen 1197 und 1220 führten. Sichere Gründe für die Änderung des Wappens des Herzogtums von einem Löwen, der aus dem Siegel Friedrichs V. von 1181 bekannt ist, zu drei Löwen lassen sich nicht anführen. Zeitgenössische Nachweise für die Farben sind sehr spärlich. Die in der Staatsheraldik des Königreichs Württemberg seit 1806, Bayerns seit 1923 und des Bundeslandes Baden-Württemberg seit 1954 verwendete Tingierung kommt erstmals auf einem Wandbild in der Comburg 1226 und bei Konrad v. Mure um 1260 sowie auch im Wappen der Truchsessen v. Waldburg vor, während der Armorial Bigot (1253) steigende Löwen golden in Schwarz angibt. Wahrscheinlich war für die Farbgebung des Dreilöwenwappens die des Adlerwappens der deutschen Könige maßgebend, wie denn überhaupt der Adler des Reiches nach 1220 zum Geschlechtswappen der Hohenstaufen geworden ist und das ursprüngliche Löwenbild zurückdrängte.«

DIE RAUTEN

Für die Herkunft der Rauten gibt es zwei Erklärungen. Die eine wohl überholte Ansicht Jochners soll hier zuerst genannt sein: 1242 setzt Graf Konrad, der letzte Wasserburger, den Pfalzgrafen Otto, den Herzog von Bayern, zum Erben seiner Güter ein. An diese Urkunde hängt er sein Siegel. Trotzdem kommt es zu Unstimmigkeiten zwischen den Wasserburgern und den Wittelsbachern – später dann, weil das herzogliche Haus das Erbe in Gefahr sieht, gar zu offener Feindschaft. Während der Herzog am Rhein festgehalten ist, belagert sein Sohn Ludwig

19

1247 siebzehn Wochen lang die Stadt am Inn. Graf Konrad kann fliehen, und der Herzog zieht die alte Grafschaft Wasserburg ein, als sei die
Erbschaft bereits fällig. Diese Wasserburger aber, so schreibt Jochner,
»… hatten – gleich den Grafen von Bogen, deren Besitzungen ebenfalls
damals (1242) an die verwandten Wittelsbacher heimfielen – im
Schilde die Rauten«.

Heute wird diese Meinung nicht mehr vertreten. Der vor einigen Jahren verstorbene Heraldiker Klemens Stadler führt die Rauten einzig
und allein auf die Grafen von Bogen zurück: »… die schrägen und spitzen Rauten, die in der heraldischen Fachsprache und nach ihrer Benen-
nung bis zum späten 18. Jahrhundert richtiger ›Wecken‹ heißen, stam-
men von den Grafen von Bogen, für die sie seit 1204 in Speerfahne und
Schild bezeugt sind. Nach dem Erlöschen des Geschlechts 1242 übernahmen die mit ihm verschwägerten Wittelsbacher ihre Besitzungen
beiderseits der Donau zwischen Regensburg und Deggendorf und auch
das Stammwappen. Erstmals in den Siegeln der Söhne Ludwig (II.)
und Heinrich (I.) des Herzogs Otto seit 1247 erscheinen die Rauten im
Dreieckschild ohne Oberwappen …«

Und diese Rauten, deren Zahl von 21 ganzen und angeschnittenen
Wecken zum Teil schon im 15. Jahrhundert üblich, dann aber wieder
vergessen wird, werden zum Sinnbild für Bayern. Ihre Farben Silber
und Blau – Weiß und Blau – werden zum Symbol für dieses Land. Bayerns Farben Weiß und Blau kommen von jenem Schild der Grafen von
Bogen. Die erste Urkunde, an die ein Wittelsbacher diesen Rautenschild als Siegel hängt, ist genau datiert: »… gegeben bei der Belage-
rung der Feste Hademarsperch am 1. Dezember 1247«.

Sehr eingehend stellt der Katalog *Wappen in Bayern* das Thema ›Rauten‹ dar; es heißt dort: Die Rauten »… gelten zusammen mit dem

Löwen als das vornehmste Zeichen des Freistaats Bayern. Bis zum Beginn des 19. Jh. war für sie auch offiziell die Bezeichnung ›Wecken‹ üblich, die vermutlich von der Ähnlichkeit mit einem rautenförmigen Gebäck herrührt. Entgegen früheren Meinungen steht heute fest, daß die Wittelsbacher 1242 mit dem Erbe der beiderseits der Donau zwischen Regensburg und Deggendorf reich begüterten Grafen von Bogen auch deren seit 1204 nachweisbares Schild- und Bannerzeichen übernahmen. Schon 1247 erscheinen Rauten im Siegel Herzog Ludwigs II., in den landesfürstlichen Münzprägungen dagegen erst nach 1294. Die Farben Silber (Weiß) und Blau überliefert erstmals der Armorial Wjinbergen (ca. 1265 – 1288). 1328 erwähnt eine italienische Chronik für das Herzogtum Bayern den ›schachbrettartigen‹ (scacchi pendenti) Schild in Silber und Blau. Ein wimpelförmiges Rautenbanner kommt als Miniatur in einer Urkundeninitiale 1338, der farbige Rautenschild in Handschriften des Landrechtsbuchs 1346 vor. In Gelres Wappenbuch (1375 – 1395) werden nur die Rauten dem Herzog von Bayern, abweichend vom Wappen der Pfalzgrafen bei Rhein, zugewiesen. 1337 bezeichnete Kaiser Ludwig selbst den Rautenschild als ›insignia armorum et vexilli Terre Bawarie‹. Diese auffallende Formulierung und die Beobachtung, daß auch für andere altbayerische Dynastengeschlechter im 13. Jh. die Wappenfarben Weiß und Blau mit großer Wahrscheinlichkeit bestanden, legt die Vermutung nahe, daß die bayerische Heerbannfarbe Blau gewesen ist. Seit Mitte des 14. Jh. gehen die Rauten eine Verbindung mit dem Löwen oder einer anderen Wappenfigur im halbierten oder gevierten Schild ein; dadurch wird die jahrhundertelang unveränderte Form des Wappens des bayerischen Fürstenhauses angebahnt. Daß die Zahl der Rauten (einschl. der von den Schildrändern angeschnittenen) einst auf 21 fixiert war, ist aus der Zeit um

1462 durch ein Huldigungsgedicht auf Ludwig von Bayern-Landshut und die Wappenbesserung für die Stadt Gundelfingen bekannt. 1806 erinnerte man sich daran, als im neuen Wappen des Königreichs wegen der Vergrößerung des Staatsgebiets die Rautenzahl auf 42 erhöht wurde.«

Die Zahl der Rauten war zwar vorgesehen, aber sie ist nicht konsequent eingehalten worden. Staatsarchivar von Pallhausen schreibt zu dem ersten Wappen von 1806, daß es eben nicht immer »21 Rauten waren, oder sein müssen. Es waren bald 24, bald 19, bald mehr oder weniger«. Es käme »hauptsächlich nur darauf an, daß sie richtig gestellt sind und ihre Größe mit der Größe des Wappens und des Herzschildes im Verhältnis steht«. Im Jahr 1806 wird der Herzschild abgeändert; für den großen Schild sind nach wie vor Rauten vorgesehen, »eigentlich zwey und vierzig an der Zahl«. Wenig später heißt es, es haben 42 Rauten zu sein, wobei die durch den Herzschild abgedeckten Rauten mitgezählt werden. Im Wappen von 1835 ist die Zahl der Rauten nicht vorgeschrieben, im Staatswappen von 1923 und dem Neuentwurf von 1950 ebenfalls nicht. Bei dem letztgenannten Entwurf fangen die Rauten im rechten oberen Eck sogar heraldisch falsch an. Es geht nämlich aus diesem Entwurf nicht klar hervor, ob die Farben weißblau oder blauweiß sind.

DER PANTHER

Im Jahr 1255 teilen die Söhne Ottos II., Ludwig II., der Strenge, und Heinrich das Herzogtum in ein Oberes und Niederes Land auf. Es ist das damalige Ober- und Niederbayern mit der Pfalz.

Ludwig behält das 1247 angenommene Wappen, den Rautenschild, 42 Jahre lang bei. Es gibt, ebenfalls von Ludwig dem Strengen, ein

Reitersiegel, das er in der Zeit von 1266 bis 1280 verwendet und auf dem er im Armschild die Rauten führt. Der Helm zeigt zum erstenmal mit Lindenzweigen gezierte Büffelhörner. 1290 dann erscheinen auf einem weiteren Reitersiegel zwei Löwenschilde auf der Pferdedecke. Ludwig hat bei der Teilung neben dem ›oberen Land‹ auch die Pfalz erhalten und nennt sich nun Pfalzgraf bei Rhein und Herzog von Bayern. Sein Bruder Heinrich XIII. führt seit 1258 den gleichen Titel und wohl aus diesem Grund ebenfalls die Rauten und den Löwen in seinem Schild. Aber in seinem Reitersiegel von 1259 taucht ein neues Bild auf, nämlich der Panther. Und dieses Bild zeigen die Siegel aller bayerischen Herzöge, die als Nachkommen Heinrichs in Niederbayern regieren. »Erst als mit dem unmündigen Urenkel Herzog Johann 1340 diese

23

Linie der Wittelsbacher ausstirbt, verschwindet der Panther aus dem Siegel der bayerischen Fürsten sowohl als der Ämter.« Das schreibt der königliche Reichsarchivrat Karl Primbs, der um 1890 als der beste Kenner des wittelsbachischen Wappens gilt.

Ausführlich befaßt sich der Katalog *Wappen in Bayern* mit dem Bild des Panther: »Das wahrscheinlich nicht zu den alten Feld- oder Heereszeichen sondern zu den frei gewählten Wappenbildern gehörige Symbol aus der Frühzeit des Wappenwesens ist ein ›Fabelwesen‹, dem Naturwissenschaft und Epik des Hochmittelalters besondere Eigenschaften in christlicher Ausdeutung antiker Fabeln beilegten. Als eines der ältesten heraldischen Zeichen in Siegeln des Hochadels ist der vom Gesamthaus der aus Rheinfranken stammenden Dynastenfamilie der Spanheimer verwendete Panther sehr bedeutsam. Für die herzogliche Linie in Kärnten ist er sphragistisch seit 1163, für die ihr zur Heeresfolge verpflichteten Markgrafen der Steiermark seit 1159 und für die Herzöge von Steiermark seit 1182 bekannt. Auch die nach Ortenburg und Kraiburg benannte bayerische Linie der Spanheimer, die 1209 mit der Pfalzgrafschaft Bayern belehnt wurde, führte bis zu ihrem Aussterben 1248 den Panther; er erscheint in den Siegeln Rapotos II. links-, Rapotos III. rechtsgewendet. 1259 kaufte Herzog Heinrich I. von Niederbayern die sehr umfangreichen Allode der Spanheimer der Erbtochter Elisabeth und ihrem Mann Graf Hartmann v. Werdenberg ab. Sein im gleichen Jahr entstandenes Reitersiegel zeigt schon den Panther im Schild auf der Pferdedecke als Nebenwappen. Diesen Rang behielt das Zeichen in den Herzogssiegeln bis 1340. Um 1300 zeigt es das Siegel der Stadt Reichenhall in Verbindung mit den Rauten der Wittelsbacher, schon vorher tragen es herzogliche Münzen. In der zweiten Hälfte des 14. Jh. kommt der Panther auch in Behördensiegeln des Vitztumamts an der Rott vor, das aus der Hauptmasse der ehemaligen Besitzungen der bayerischen Spanheimer gebildet worden war. Nach den meisten Gemeidewappen mit diesem Bild im heutigen Ober- und Niederbayern war der Panther rot in silbernem Feld; zeitgenössische Angaben über die Tingierung gibt es nicht. Im Staatswappen Bayerns von 1950 erscheint der Spanheimische Panther mit unbefriedigender Begründung blau.«

Jedenfalls finden wir den Panther – das Panthier – bei Herzog Heinrich XIII. von Niederbayern, bei seinen Söhnen Otto, Ludwig und Stephan, bei seinen Enkeln Heinrich und Otto. Sie alle führen den Löwen, die Rauten und den Panther vereint in *einem* Siegel.

Herzog Heinrich XIV. von Niederbayern stirbt 1339. Kaiser Ludwig der Bayer übernimmt die Vormundschaft für den erst zehn Jahre alten Johann, denn er ist der Schwiegervater dieses Kindes. Ein Jahr nach seinem Vater stirbt auch ›Johann das Kind‹. Ludwig der Bayer vereint nun wieder Niederbayern mit Oberbayern und übernimmt das Wappen mit dem Panther.

Ludwig hat schon einmal über einen niederbayerischen Herzog die Vormundschaft ausgeübt, nämlich von 1312 bis 1322 über Herzog Heinrich XV. Damals schon führt er den Panther. Der Letzte aber, der den Panther, verbunden mit dem Löwen und den Rauten, führt, ist Ludwig der Römer, einer der Söhne Kaiser Ludwigs des Bayern.

25

Das Hauswappen der Wittelsbacher von 1329 bis 1777

Von nun an wird die Geschichte des wittelsbachischen Wappens etwas unübersichtlicher. Die Familie verzweigt sich sehr und wir werden im Rahmen dieses Buches gar nicht die ganze Vielfalt aufzeigen können.

Im Jahr 1329 wird der berühmte Hausvertrag von Pavia unterzeichnet. Er regelt langjährige Mißverständnisse und Erbstreitigkeiten. Von diesem Jahr an gibt es zwei wittelsbachische Linien, nämlich die ältere, die pfälzische, die sogenannte Rudolfinische Linie, die Nachkommen Rudolfs, des Bruders Ludwigs des Bayern; und die jüngere, die altbayerische, die sogenannte Ludwigische Linie, die Nachkommen Kaiser Ludwigs des Bayern. In diesem Hausvertrag tritt Ludwig der Bayer den Nachkommen seines verstorbenen Bruders Rudolf I. die Rheinpfalz und einen Teil des Nordgaues, die heutige Oberpfalz, ab. Diese beiden Linien bestehen fast 450 Jahre nebeneinander bis 1777.

Die Ludwigische Linie

Kaiser Ludwig der Bayer, als Herzog Ludwig IV., verwendet in seinem Wappen die Rauten und den Löwen miteinander und abwechselnd. Ludwig, der älteste Sohn des Kaisers, wird von seinem Vater nach dem Tod des Markgrafen Heinrich im Jahr 1320 mit der Mark Brandenburg belehnt. Man nennt ihn nun Ludwig den Brandenburger und er führt zu den Rauten auch noch Mann und Adler der Markgrafen von Brandenburg. Und an gar mancher Urkunde, die für Bayern ausgefertigt wird, hängen Siegel mit dem brandenburgischen Zeichen. – Der jüngere Ludwig dann, den die Geschichte Ludwig den Römer nennt, stellt zwischen 1343 und 1348 im Dreipaß (2:1) drei Schilde neben-,

HERZOGTUM BAYERN
BIS 1623

beziehungsweise untereinander, nämlich den Löwen, die Rauten und den Panther. Jochner weiß aber zu berichten, daß er »... daneben ... bald ... den gerauteten Schild auf links schauendem Adler für Brandenburg, bald abwechslungsweise Rauten oder Adler allein« geführt hat. »Während zugleich – 1356 – zum erstenmal der gevierte Schild auf der Bildfläche erscheint und auf diesem die wittelsbachischen Rauten den Ehrenplatz – erstes und viertes Feld – einnehmen, der Adler aber auf das zweite und dritte Feld verwiesen ist. Der jüngste Sohn des Kaisers, Otto, eben dieses Ludwig Mitregent in der Mark, hält wie dieser im allgemeinen am Rautenschilde fest, den zeitweise der Löwe auf der Schulter trägt ...«

Schon 1373 geht die Mark Brandenburg wieder verloren. Ähnlich ist es zehn Jahre früher mit Tirol gegangen, das vorübergehend ganze 21 Jahre lang zu Bayern gehört hat. In Tirol war Ludwig der Brandenburger Regent und nach ihm sein einziger Sohn Meinhard: dieser führt als Wappen den Rautenschild auf der Brust des rechtsschauenden Adlers.

Mit Meinhard dem Tiroler stirbt die oberbayerische Linie aus. Oberbayern fällt somit an Stephan, den zweiten Sohn des Kaisers zurück, der seit 1349 Herr über Niederbayern ist. Und Stephan ist ein großer Verehrer der Rauten. Seit 1338 verwendet er sie in den verschiedensten Formen, einmal als schlankerer, einmal als gedrungener Rhombus, einmal rechtsläufig, einmal linksläufig. Unter seinen Söhnen wird das Land wieder einmal geteilt und mit der Zeit wird der gevierte Schild bei allen drei wittelsbachischen Linien üblich – nämlich: in München, Landshut und Ingolstadt. Meist gilt die Reihenfolge: zuerst der Löwe in dem bevorzugten ersten und vierten Feld, dann die Rauten im zweiten und dritten. Das ist, von Ausnahmen abgesehen, bei den Landshutern so, bei Heinrich XVI. dem Reichen, bei Ludwig IX. dem Reichen (bei dem die Bilder etwas häufiger den Vorrang wechseln) – und bei Georg dem Reichen. Nicht anders ist es bei den Ingolstädtern, bei Stephan IV., Ludwig VII. dem Gebarteten und bei Ludwig VIII. dem Höckrigen. Der Letztgenannte erhält 1419 von seinem Vater die Grafschaft Graisbach; deshalb führt er in seinem Schild nicht nur den Löwen und die Rauten, sondern dazu im Fuße den Balken der Grafen von Graisbach.

Es würde zu weit führen, sämtliche Nebenlinien der Wittelsbacher und ihre Wappen zu verfolgen. Die Mitglieder des Hauses zum Beispiel, die bei der Teilung im Jahr 1353 Holland, Seeland und Friesland zugeteilt erhalten, Gebiete, die Kaiser Ludwig der Bayer 1346 mit seiner Gemahlin Margarethe von Hennegau sozusagen erheiratet hat und die in den jeweiligen Wappen sichtbar werden. Begnügen wir uns damit, daß auch dort im Lauf von 72 Jahren immer wieder die Rauten und der pfälzische Löwe Schilde und Siegel zieren. Herzog Johann wird am Dreikönigstag 1425 vergiftet und mit ihm erlischt die Linie Straubing-Holland im männlichen Stamm. Die bayerischen Herzöge aber, die als Erben in Frage kommen, sind an den niederländischen Gebieten nicht interessiert. Der Straubinger Besitz wird 1429 durch den Preßburger Urteilsspruch in vier Bezirke aufgeteilt.

Die wittelsbachischen Herrschaften und Gebietsteilungen in Altbayern sind etwas wirr und unübersichtlich. Erbstreitigkeiten lösen neue Länderteilungen aus. Stephan II. hat zwar die altbayerischen Gebiete mit Ausnahme von Straubing vereinen können, seine Söhne verwalten das Erbe 17 Jahre lang gemeinsam. Aber dann können sie der Versuchung nicht widerstehen, das Land doch noch einmal zu teilen; das geschieht 1392. Dabei wird Johann Herzog von Oberbayern und München. Sein Wappen ist der einfache gerautete Schild. Seine Söhne

29

KURFÜRSTENTUM BAYERN
1623 – 1805

Ernst I. und Wilhelm III. führen ihn ebenfalls, daneben aber auch den gevierten Schild mit Rauten und Löwen. »An den Urkunden des Ersteren«, schreibt Jochner, »finden sich hie und da Schnüre von lila und weißer Seide, an jenen des Letzteren solche von schwarz-golden, weißblauen Fäden. Auch Johanns Enkel, Albrecht III., der Fromme, wechselt zu Lebzeiten seines Vaters noch zwischen dem einfachen und dem zusammengesetzten Wappenbild, seit seinem Regierungsantritt aber – 1438 – herrscht ausschließlich der gevierte Schild, von welchem keiner seiner Nachkommen mehr abgeht, bis zum Aussterben der jüngeren Ludwigischen Linie des Hauses Wittelsbach im Jahre 1777.«

Dieser gevierte Schild soll nur im 17. Jahrhundert noch bereichert werden. Herzog Maximilian, der Sohn Herzog Wilhelms V., zunächst Mitregent seines Vaters, wird der erste bayerische Kurfürst. Er ist tief fromm, diszipliniert, streng soldatisch, interessiert an Kunst und Wissenschaft wie sein Großvater Albrecht V. Er kennt seine Grenzen. Er erliegt nicht der Versuchung, nach dem Tod von Kaiser Mathias nach der Krone des Heiligen Römisches Reichs zu greifen. Er bleibt der Bayernherzog, ein treuer, ergebener, zuverlässiger Gefolgsmann der habsburgischen Kaiser.

1619: in Böhmen wird der Führer der protestantischen Union, der wittelsbachische Kurfürst Friedrich V. von der Pfalz, zum König gewählt. Kaiser Ferdinand verbündet sich gegen ihn mit Maximilian I., dem Führer der katholischen Liga. 1620 kommt es zwischen den Kaiserlichen und den Anhängern des Kurfürsten von der Pfalz am Weißen Berg zur Schlacht: Friedrich, als böhmischer ›Winterkönig‹ in die Geschichte eingegangen, wird vor den Toren Prags vernichtend geschlagen. Er wird geächtet und muß nach Holland fliehen. Der evangelische Wittelsbacher der Pfälzer Linie verliert die obere Pfalz an seinen katho-

31

Das Wappen des Kurfürsten Maximilian I.
mit dem Reichsapfel im Herzschild als Hinweis auf das
Erztruchsessenamt

lischen Vetter Maximilian. Und er verliert, was noch schwerwiegender ist, die Kurwürde. Der neue Kurfürst heißt Maximilian I. von Bayern. 1623 wird ihm von Kaiser Ferdinand der Kurhut verliehen. Ab 1624 führt der bayerische Herzog und Kurfürst in seinem Wappen ein rotes Mittelschild, das Herzschild, auf dem der goldene Reichsapfel als Symbol für das Erztruchsessenamt zu sehen ist. Maximilian I. gibt in seinem Wappen den Rauten den Vorzug. Er weist ihnen den Platz im Schild an, den vorher, im allgemeinen jedenfalls, die Löwen gehabt haben, nämlich das erste und das vierte Feld. Die Löwen werden auf das zweite und

Das Wappen des Kurfürsten Max Emanuel
während seines Exils in Brüssel (1710) mit den Schildern
niederländischer Gebiete

dritte Feld verwiesen. Dieses Wappen behalten die Nachkommen Maximilians I. bei. Zwar halten sie es oft nicht so streng mit der Reihenfolge – Rauten vor Löwen oder Löwen vor Rauten –, aber der rote Herzschild mit dem goldenen Reichsapfel bleibt. Und doch gibt es noch zwei Varianten, die hier genannt sein sollen.

1740 stirbt Kaiser Karl VI. ohne männliche Nachkommen. In diesem Augenblick tritt die Pragmatische Sanktion, ein Erbfolgegesetz, in Kraft, das den Kindern des Kaisers, auch den Töchtern, die Erbfolge sichert. In München hat Kurfürst Karl Albrecht nichts Eiligeres zu tun,

33

Der altbayerische und der pfälzische Schild
während des Reichsvikariats von
1740 (nach einer Münze)

als Anspruch auf die österreichischen Erblande zu erheben. Ein Ehe-
vertrag aus dem Jahre 1546 soll diese Forderung untermauern, ein Te-
stamentszusatz Kaiser Ferdinands I. von 1547 auch. Die Archivare des
Kaisers sind allerdings in der Lage, das Original dieses Testamentszu-
satzes vorzulegen: Darin steht zu lesen, daß an eine bayerische Erbfolge
erst beim Erlöschen der gesamten ehelichen Linie Kaiser Ferdinands
gedacht ist. Die Verbündeten Karl Albrechts sind Spanien, Frankreich,
Preußen unter Friedrich dem Großen, Kursachsen und die wittelsbachische Verwandtschaft, die Kurfürsten von Köln und von der Pfalz. Im

Lauf dieser Auseinandersetzung kommt es zur Anwartschaft Karl Albrechts auf die Kaiserkrone. Er wird in Frankfurt zum Kaiser gewählt und als Karl VII. 1742 zum römisch-deutschen Kaiser gekrönt. Von da an, bis zu seinem Tod im Jahr 1745, führt er in seinem Siegel den Doppelkopfadler des Heiligen Römischen Reiches deutscher Nation mit der Kaiserkrone. Auf der Brust des Adlers ist das wittelsbachische Wappen mit Wecken und Löwen, in der Mitte der rote Herzschild mit dem Reichsapfel. In seinen Fängen hält er Szepter, Schwert und Reichsapfel. Der wittelsbachische Schild ist geschmückt mit dem Goldenen Vließ und dem Hausorden vom heiligen Georg, den Karl Albrecht wenige Jahre vorher selbst gestiftet hat.

Es gibt allerdings auch eine andere Gelegenheit, bei der der Herzog und Kurfürst von Bayern den Reichsadler mit dem bayerischen Wappen auf der Brust führt. Ist der Kaiser gestorben und der neue noch nicht gekrönt, dann üben die Kurfürsten von Sachsen für die Länder sächsischen Rechtes das Reichsvikariat aus, der Kurfürst von Bayern für die Länder fränkischen Rechts. Und als Reichsvikar eben führt er den Reichsadler, allerdings ohne Insignien. Kurfürst Karl Albrecht und Kurfürst Maximilian III. Joseph hatten dieses Amt inne und Kurfürst Karl Theodor übte es sogar zweimal aus.

DIE RUDOLFINISCHE LINIE

Diese zweite wittelsbachische Linie sei hier nur der Vollständigkeit wegen und nicht ausführlich erwähnt, denn sie betrifft nicht so sehr das heutige Bayern, als vielmehr die Pfalz mit ihren vielen kleinen und kleinsten Herrschaftsgebieten. Aber folgen wir hier kurz Jochner; er erzählt von dem schon erwähnten Ludwig dem Strengen, er hielt »… sei-

35

nen altbayerischen Landen wohl den Vorzug gebend, die Rauten fast während seiner ganzen Regierung im Wappen bei, bis er endlich im Jahre 1290 auch den pfälzischen Löwen aufnahm, welcher seinen Platz auf der Decke des prächtigen Reitersiegels angewiesen bekam, während die Rauten im Armschild verblieben. Ludwigs Sohn, Rudolph I., wich von dem Wappen seines Vaters nicht ab, doch findet sich aus der Zeit seiner Regierung, 1294 – 1317, auch ein sogenanntes Sekretsiegel vor, welches bloß den pfälzischen Löwen zeigt. Rudolph I. hinterließ drei Söhne, von welchem der erste, Adolf – gestorben 1327 –, auf seinem Reitersiegel den Platz für Rauten und Löwen vertauschte, während der mittlere, Rudolph II., zu der Gepflogenheit seines Vaters zurückkehrte, und der jüngste, Rupprecht I., welcher beide Brüder um ein Bedeutendes überlebte, zum ersten Mal den gevierten Schild bringt mit dem Löwen im ersten und vierten, den Rauten im zweiten und dritten Felde.«

Der Löwe und die Rauten gehören, abgesehen von wenigen geringfügigen Abänderungen, zum Hauswappen aller wittelsbachischen Linien. Die pfälzischen Wittelsbacher führen auch als erste den Herzschild mit dem Reichsapfel als Symbol für das Reichstruchsessenamt, denn die pfälzischen Wittelsbacher stellen zuerst den Kurfürsten.

In diesem Zusammenhang ist es nicht uninteressant zu wissen, warum der Kurfürst von Brandenburg das Zepter, der Kurfürst von Sachsen die Schwerter und der Kurfürst von Bayern den Reichsapfel in ihren Schilden geführt haben. Bei einer Kaiserkrönung hat der jeweilige Kurfürst die Insignien getragen, die er in seinem Wappen geführt hat – der bayerische eben den Reichsapfel. Aus diesem Grund zeichnen die Porzellanmanufakturen Berlin und Meissen heute noch mit Zepter und Schwertern.

Zunächst hatten ja die Pfälzer das Reichstruchsessenamt inne und damit den goldenen Reichsapfel auf rotem Grund im Wappen. Als sie drei Jahre nach der Schlacht am Weißen Berg (1620) die Kurwürde an die altbayerischen Wittelsbacher verloren, haben sie den leeren Herzschild mit dem roten Damastmuster als sogenannten Warteschild beibehalten. Mit dem Westfälischen Frieden ist zwar eigens für die Pfalz eine achte Kur errichtet worden, die aber mit dem Aussterben der altbayerischen Linie – 1777 – wieder erloschen ist. Da aber nur einer der beiden wittelsbachischen Kurfürsten des Heiligen Römischen Reiches Erztruchseß hat sein können, haben in diesen 129 Jahren die altbayerischen Wittelsbacher den Reichsapfel geführt, die Pfälzer dagegen den sogenannten Warteschild. Auch der Truchseß, lateinisch Dapifer Seneschall, sei hier erklärt: Der Truchseß war seit der Krönung von Kaiser Otto I. zunächst der mit der Oberaufsicht über die Küche und Ökonomie der kaiserlichen Hofhaltung betraute Beamte. Später dann, als Erzamt war der Erztruchseß eine Würde, ein reiner Titel, der bei den Pfalzgrafen bei Rhein erblich war und 1623 eben auf die Kurfürsten von Bayern übergegangen ist.

Karl Theodor und Max IV. Joseph

Von 1777 bis 1805

Kurfürst Maximilian III. Joseph schließt im Jahre 1777 die Augen. Da er kinderlos stirbt, erlischt die jüngere, die sogenannte Ludwigische Linie und der Hausvertrag von Pavia aus dem Jahr 1329 tritt in Kraft: Er bestimmt, daß bei Erlöschen eines Zweigs der Familie dem anderen dessen Lande und Rechte zufallen. So ist unter dem Kurfürsten Karl Theodor nach 448 Jahren die rheinische Pfalz und Altbayern mit der Oberpfalz erstmals wieder vereint.

Es ist längst Mode geworden, Wappen möglichst reich und vielfältig zu gestalten. Das entspricht nicht nur dem Geschmack der Zeit; ein Wappen ist vielmehr auch ein Politikum, es wird zum Bilderbuch von Landbesitz, von Herrschaften und Herrschaftsansprüchen. Das war bereits unter Kurfürst Max Emanuel in den Jahren seines niederländischen Exils (s. S. 33) so, und unter Kurfürst Karl Theodor ist es nicht anders. Als er 1779 nach Bayern kommt, besteht sein Schild aus nicht weniger als acht Feldern, die Bayern, Jülich, Cleve, Berg, Veldenz, Mark Ravensberg, Mörs und, im Mittelschild, die Pfalz repräsentieren. Bald vertauscht die Pfalz im Mittelschild den Platz mit Kurbayern. Die übrigen Felder wechseln, es sind bald neun, bald zehn.

Als auch Karl Theodor ohne legitime Erben stirbt, sind alle wittelsbachischen Haupt- und Nebenlinien erloschen – mit Ausnahme der jüngeren Zweibrückener Linie, des sogenannten ›Hauses Bischweiler‹.

Welches Wappen diese zweibrückensche Linie geführt hat, welche Wandlungen es durchgemacht hat, soll hier nicht im einzelnen aufgeführt werden. Soviel sei gesagt: Herzog Wolfgang von Pfalz-Zweibrük-

38

Dieser Schild, ursprünglich gültig für die Oberpfalz,
wird von Kurfürst Karl Theodor
ab 1779 auch für Bayern geführt

ken (1526 – 1569) führt in seinem Wappen von den »lieben Voreltern her« drei Schilder mit dem Löwen für die Pfalz, den Rauten für Bayern und dem Löwen für Veldenz. – Pfalzgraf Georg Wilhelm (1600 – 1669) führt den Schild gelängt, und zweimal gequert – und zwar im ersten, vierten und fünften Feld den Löwen, im zweiten und dritten die Rauten, im sechsten den Sponheimer Schach. Pfalzgraf Karl II. Otto (1625 – 1671) verdoppelt das Wappen und fügt zu den sechs Feldern weitere sechs: unter anderem das ›Glefenrad‹ für Kleve, drei Schildchen für Rappoltstein und drei gekrönte Rabenköpfe für Ravenkirchen. Unter

39

KAISER KARL VII.
1742 – 1745

KURFÜRST KARL THEODOR
REICHSVIKARIAT
1792

Wappen des Kurfürsten Max IV. Joseph um 1800

Christian III. (1674 – 1735) wird der Besitz größer und er führt um 1735 ein Wappen mit acht Feldern, in dem Bayern doppelt vertreten ist und außerdem die Herrschaften Jülich, Kleve, Pfalz, Mark, Mörs und Ravenstein. Karl II. August (1746 – 1795), der älteste Bruder des späteren ersten bayerischen Königs Max I. Joseph, führt in seinem Wappen zwölf Felder, später um 1790 sogar fünfzehn mit Pfalz-Bayern, Jülich, Kleve, Berg, Mörs, Pfalz, Veldenz, Sponheim, Mark, Rappoltstein, Ravenstein und Hohenack.

Pfalzgraf Karl August stirbt 1795. Erbe ist sein Bruder Max Joseph. Wenige Jahre später fällt dem Pfalzgrafen Max Joseph mit dem Tod

Karl Theodors das gesamte bayerisch-pfälzische Erbe zu. Damit sind, von der wenig begüterten Gelnhauser Linie abgesehen, alle Besitzungen der Wittelsbacher wieder in einer Hand vereint.

Als Kurfürst Karl Theodor 1799 stirbt, zieht Max IV. Joseph aus der Pfalz kommend als neuer Kurfürst von Bayern in München ein. Er bringt das Wappen seiner Familie mit. Ist es Pietät, ist es die Freude an der Vielfalt, am Bilderreichtum? Jedenfalls behält Max Joseph den Schild der Grafen von Rappoltstein und die drei Rabenköpfe von Ravenkirchen bei. So wird sein Wappen noch um einiges reicher als das von Karl Theodor. Zweimal ist der Schild gequert, viermal, fünfmal und dreimal ist er gelängt und er enthält demgemäß:

Für Jülich einen schwarzen Löwen in Gold;

für Kleve in Rot ein silbernes Schildchen, aus dem acht goldene Lilienstäbe haspelartig hervorgehen;

für Berg in Silber ein roter goldbewehrter Löwe mit Doppelschwanz, blau gekrönt;

für Mörs in Gold ein schwarzer Balken;

für Bergen op Zoom in Rot drei (2:1) silberne Andreaskreuze über einem grünen Dreiberg;

für Veldenz in Silber ein blauer goldbewehrter und goldgekrönter Löwe;

für Sponheim ein silber und rot geschachtes Feld;

für Mark in Gold ein in drei Reihen silber-rot-geschachter Querbalken;

für Ravensberg in Silber drei rote Sparren übereinander. Für Rappoltstein in Silber drei (2:1) rote Schilde;

für Ravenkirchen in Silber drei (2:1) goldgekrönte schwarze Rabenköpfe.

43

Doch sollte sich dieses Wappen bald ändern. Das alte Heilige Römische Reich deutscher Nation fällt auseinander, die Landkarte Mitteleuropas wandelt sich in jenen Jahren, neue Staatengebilde entstehen und Bayerns Grenzen ändern sich in wenigen Jahren grundlegend. Die Besitzungen links des Rheins, also die Pfalz, gehen fast völlig verloren. Dafür werden dem Kurfürsten Gebiete zugeteilt, die den Verlust ausgleichen, die das alte Herzogtum Bayern erweitern und abrunden sollen, geistliche und weltliche Fürstentümer. Bayern wird um »288 Quadratmeilen« größer. Die Bevölkerung wächst damit um eine Million Einwohner.

Diesen Gebietszuwachs soll nun auch das Wappen ausdrücken. Man möchte möglichst viele neue Erwerbungen im Wappen zeigen, muß sich allerdings auf wenige Beispiele beschränken, denn es waren im ganzen mehr als einhundertfünfzig Herrschaften und Fürstentümer.

Die erste Anregung für ein neues Wappen kommt eigenartigerweise aus dem Archiv in Würzburg. Der Entwurf, von Archivsaktuar Johann Oktavian Salver unterzeichnet, wird dem Kurfürsten am 14. Juni 1803 durch den Grafen von Thürheim, dem Generalkommissar in Franken, überreicht. Der Vorschlag wird an Staatsarchivar Vinzenz Pall von Pallhausen weitergereicht, er soll ihn überprüfen und ein Gutachten abgeben. In München hat man an diesem Entwurf einiges auszusetzen. Es kommt zu langwierigen Korrespondenzen und Verhandlungen, die sich weit über ein Jahr hinziehen und in denen sich Herr von Pallhausen im wesentlichen durchsetzt.

Das *Churbayerische Regierungsblatt* bringt am 3. Oktober 1804 eine Abbildung des neuen Wappens, dazu die entsprechende Verfügung, die mit der umfangreichen Titulatur beginnt, und diese Titulatur wird jedenfalls zum Teil im Wappenschild sichtbar:

»Ausführliche Titulatur, welche nur von der ersten Stelle geführt wird. Maximilian Joseph, in Ober- und Niederbaiern, der obern Pfalz, in Franken, zu Kleve und Berg Herzog, Fürst zu Bamberg, Würzburg, Augsburg, Freising und Passau, Fürst und Herr zu Kempten, Landgraf zu Leuchtenberg, gefürsteter Graf zu Mindelheim, Graf in der Mark, zu Ravensberg, Ottobeuren und Helfenstein, Herr zu Ulm, Rothenburg, Nördlingen, Schweinfurt, Wettenhausen, Roggenberg, Ursberg, Elchingen, Söflingen, Irrsee, Memmingen, Ravensburg, Wangen, Kaufbeuren, Buchhorn, Leutkirch und Bopfingen etc., des heiligen römischen Reichs Erzpfalzgraf, Erztruchseß und Kurfürst.

Legende des geheimen Kanzley-Siegels:

Maximilian Joseph in Ober- und Niederbayern, der obern Pfalz, in Franken, zu Kleve und Berg Herzog, Fürst zu Bamberg, Würzburg, Augsburg, Freising, Passau und Kempten, Landgraf zu Leuchtenberg, gefürsteter Graf zu Mindelheim, Graf in der Mark, zu Ravensberg, Ottobeuern und Helfenstein, Herr zu Rothenburg etc. etc., des heil. römischen Reiches Erzpfalzgraf, Erztruchseß und Kurfürst.

Legende zu den Siegeln der kurfürstlichen Kollegien, z. B. Kurfürstliche Landesdirektion in Baiern.

Beschreibung des großen Wappens und geheimen Siegels.

Dieses enthält nebst dem Mittelschilde 16 Hauptfelder oder Quartiere.

Der Mittelschild hat vier Abteilungen oder Quartiere und einen Herzschild. Wegen Ober- und Niederbaiern: auf zwei Quartieren überecks, nämlich oben rechts und unten links, sieht man die blauen und weißen links herabgeschobenen länglichen Rauten oder Wecken (deren 21 sein sollen). Wegen dem Herzogthume der oberen Pfalz: auf den anderen zweyen, nämlich oben links und unten rechts, ist ein nach der

45

rechten Seite aufgestellter, streitfertiger, goldener Löwe mit einer roten Krone, dann mit aufwärts geschlungenem und gespaltenem Schweife im schwarzen Felde. Wegen dem Erztruchsessenamte: in der Mitte ist ein Herzschildchen, worin der goldene Reichsapfel mit einem goldenen Kreuze im rothen Felde sich befindet.

In der oberen Reihe sind sechs Schilder, nämlich

Wegen dem Herzogthume Franken:

1. Rechts ober dem rechten Quartier des Mittelschildes sind drey silberne Spitzen im rothen Felde.

Wegen dem Herzogthume Kleve:

2. Ober dem linken Quartier des Mittelschildes acht goldene Lilienstäbe um ein silbernes Herzschildchen (worin ein Smaragd sich befindet) im Kreise gesetzt auf rothem Felde.

Wegen dem Herzogthume Bergen:

3. In der Mitte von beiden ein rother, zur rechten Seite aufspringender Löwe mit einer blauen Krone im silbernen Felde.

Wegen dem Fürstenthume Bamberg:

4. Links gegenüber ein ebenfalls zur Rechten springender schwarzer Löwe, über welchem ein silberner Schrägbalken zieht, im goldenen Felde.

Wegen dem Fürstenthume Würzburg:

5. Am Ecke rechts sieht man ein schräg rechts gelegtes, von Roth und Silber geviertheiltes und zweimal gekerbtes Fähnchen an einer goldenen Lanze.

Wegen dem Fürstenthume Augsburg:

6. Gegenüber links ein von Roth und Silber in die Länge herabgetheiltes Feld.

Wegen dem Fürstenthume Freising:

Wappen des Kurfürsten Max IV. Joseph von 1804

7. In der mittleren Reihe nebst dem Stammschilde sind vier Hauptquartiere, nämlich rechts das Brustbild eines in Roth gekleideten, mit Gold gekrönten Mohren im silbernen Felde. [Das dürfte ein Fehler sein und muß wohl »im goldenen Feld« heißen.]

Wegen dem Fürstenthume Passau:

8. Links ein zur Rechten springender rother Wolf im silbernen Felde.

Wegen dem Fürstenthume Kempten:

9. Rechts an der äußeren Seite ein roth und blau quer getheiltes Feld.

Wegen der Landgrafschaft Leuchtenberg:

10. Links gegenüber drei in die Quere getheilte Felder, wovon das mittlere blau, das obere und untere aber silbern und nach Art der Wart-schilde damaszirt ist.

In der dritten unteren Reihe sind wieder sechs Hauptquartiere; näm-lich:

Wegen der gefürsteten Grafschaft Mindelheim:

11. Unter dem Mittelschilde rechts ist ein auf drey grünen Hügeln stehender rother Löwe im silbernen Felde.

Wegen der Grafschaft Mark:

12. Links daneben sieht man eine aus drey Reihen von Roth und Sil-ber gewürfelte Binde- oder Schachbalken im goldenen Felde.

Wegen der Grafschaft Ravensberg:

13. Gegenüber rechts drey rothe Sparren im silbernen Felde.

Wegen der Grafschaft Ottobeuren:

14. Links ein halber weißer, den Kopf nach der linken Seite halten-der Adler im rothen Felde.

Wegen der Herrschaft Helfenstein:

15. Rechts am Eck ein zur rechten Seite gekehrter – auf einem golde-nen Streifen stehender, silberner Elephant im rothen Felde.

Wegen der Grafschaft Rothenburg.

16. Links gegenüber eine rothe Burg mit zwey Thürmen in silber-nem Felde. [Die Numerierung folgt der ›springenden‹ Reihenfolge.]

Nur dieses große Wappen allein, oder das geheime Dekreten- und Diplomaten-Insiegel ist, nebst dem, daß es von zweyen Löwen gehalten wird, durch den ausgebreiteten und an beyden Ecken zusammenge-bundenen Hermelin-Mantel umgeben.

Oben ist der Churfürstenhut mit dem goldenen Reichsapfel; unten hängen die drey Haus-Orden des heil. Hubertus, des heil. Georgs und des pfälzischen Löwens.

Im Kreise herum befindet sich die Legende:

D.G.Max.Jos.U.Bav.Pal.Sup.Franc. Cliv. et Mont. D.Pr.Bam.Herb. Aug.Fris.Pat. et Camp. Landg.Leuch.Pr.C. Mind.C.Marc.Rav. Ottob. et Helf. D. Roth. etc. S.R.J. Archic. Pal. Archidap. et Elect.«

Das mittlere Siegel dann soll nach der gleichen Verordnung vom 3. Oktober 1804 nebst dem Mittelschild zehn Hauptfelder enthalten, nämlich: Bayern, Oberpfalz, Erztruchsessenamt, Berg, Franken, Bamberg, Würzburg, Augsburg, Freising, Passau, Kempten, Leuchtenberg und Mindelheim. Es fehlen also die Wappen von Kleve, von den Grafschaften Mark und Ravensberg, von Ottobeuren, Helfenstein und Rothenburg. »… Auch dieses Wappen ist oben mit dem Kurfürstenhute geziert; zwei Löwen machen die Schildhalter; der Kurmantel aber und die drei Hausorden sind für das große Wappen und das geheime Siegel vorbehalten. Die Umschrift bezeichnet die betreffenden Landesstellen.

Beschreibung des kleinen Siegels. Ein durch einen Wolkenschnitt [›Wolkenschnitt‹ ist in diesem Fall heraldisch unrichtig; es müßte heißen: ein durch eine eingebogene, aufsteigende Spitze …] in drey Felder getheilter Schild, wovon das erste oder rechte die blauen Rauten oder baierischen Wecken; das zweite links einen nach der rechten Seite aufgestellten goldenen Löwen mit einer rothen Krone, Zunge und Klauen und einem gespaltenen Schweife im schwarzen Felde; das mittlere oder untere aber den goldenen Reichsapfel mit einem goldenen Kreuze auf rothem Felde enthält. Dieses Siegel, welches die den churfürstlichen Landesstellen untergeordneten Behörden führen, ist oben mit dem Churhute und auf beiden Seiten mit Laubwerk geziert. Die Umschrift bezeichnet das kurfürstliche Amt etc.«

Das Königreich Bayern

Das Wappen des Jahren 1804 ist ohne Frage ein Bilderbuch, das nicht nur Besitz, sondern Herrschaftsansprüche dokumentiert. Aber es bleibt nicht lange gültig; es wird durch neue politische Ereignisse überholt. Das folgende Jahr 1805 bringt den Krieg Napoleons gegen Österreich. Bayerns noch halbwegs selbständige freie Stellung zwischen Österreich und Frankreich wird zur Illusion. Österreich sucht die Entscheidung in Oberitalien, Napoleon hingegen sucht sie in Süddeutschland. Ihn interessiert eine bayerische Neutralität nicht, er zählt auf die 30 000 Soldaten der bayerischen Armee und er läßt dem bayerischen Kurfürsten mit einem etwas grollenden Unterton mitteilen, daß er drei Wochen nach Kriegsausbruch mit 200 000 Mann in Bayern stehen könne. Bayern gerät zwischen die Mühlsteine der Geschichte und Max Joseph muß sich nolens volens auf die Seite Napoleons stellen. Französische Truppen stürmen in einem einzigen Anlauf durch Bayern bis nach Böhmen und Mähren. Die Dreikaiserschlacht von Austerlitz entscheidet am 2. Dezember den Feldzug zu Gunsten des französischen Imperators.

Die Verträge von Brünn und der Friede von Preßburg bringen Bayern reichen Landgewinn: Im Fränkischen kommen Ansbach, an der Altmühl Eichstätt, im Süden ganz Tirol (also das heutige Tirol, Südtirol und Teile des Trentin) und im Südwesten Vorarlberg zu Bayern, im Westen die österreichisch-schwäbische Markgrafschaft Burgau, die Reichsstadt Augsburg und das Gebiet um Lindau. Dafür muß man das rheinische Berg abtreten und, was schmerzlicher ist: der Fürstbischof von Salzburg muß mit Würzburg entschädigt werden.

50

Aber Bayern wird Königreich. Der Reichsherold, dessen Wams mit dem Wappen des Kurfürsten reich bestickt ist, reitet am Neujahrsmorgen 1806 durch die Straßen der nunmehr königlichen Haupt- und Residenzstadt München und verkündet unter Paukenwirbel und Trompetenschall, daß Bayern nun ein Königreich ist.

Das bisherige alte Wappen wurde aber nicht einfach erweitert. Man besann sich auf das eine Reich, das Königreich, und wünscht ein einfaches Wappen im Geschmack der Zeit. Diese Überlegung taucht schon im Dezember 1805 auf. Man denkt also rechtzeitig daran und beauftragt den geheimen Staatsarchivar von Pallhausen, einen Entwurf für ein neues königliches Wappen vorzulegen. Pflichtbewußt berichtet der Staatsarchivar am zweiten Weihnachtsfeiertag 1805 an seinen Landesherrn: »... Je einfacher dieses Wappen ausfällt, desto schöner und nach der Absicht, welche mir höchstdero Minister der auswärtigen Angelegenheiten eröffnet haben, desto passender würde es sein, wenn statt der vielen Wappenschilder und Symbole für dermal wenigst nur ein einziges Hauptwappen, nemlich die blauen und silbernen Rauten, angenommen würde, in dessen Herz sich aber der abgetheilte Schild mit dem Reichsapfel und dem erzpfalzgräflichen Löwen befände, oben auf dem Herzschild würde dann der Kurhut zu stehen kommen, über dem Hauptwappen aber würde die königliche Krone prangen. Die Schildhalter wären zween gekrönte Löwen mit einwärts (auswärts) gewendeten Köpfen, deren der eine zur rechten Seite einen königlichen Scepter, der andere aber zur linken ein Schwert in einer Pfote oder Bracke hält ... Dieses Wappen könnte im großen Siegel unter ein königliches Wappenzelt gestellt oder mit dem Purpurmantel umhangen und mit dem Hausorden geziert werden.

Die Umschrift würde, ebenso wie das Wappen vereinfacht, also sich aussprechen: Maximilian I. Dei gratia (oder Dei providentia) Bojoariae Rex S.R.I.A.A. et E.: [Sancti Romani Imerii] (Archicomes palatinus Archidapifer et Elector). Max I. von Gottes Gnaden König von Bayern des Heiligen Römischen Reiches Erzpfalzgraf, Erztruchseß und Kurfürst.

Der Titel, ohne wenigst dermal einen Unterschied zwischen dem großen, mittleren und kleinen zu machen, würde auf gleiche Art lauten: ›Wir Maximilian Joseph von Gottes Gnaden König in (von) Baiern, des heiligen römischen Reichs Erzpfalzgraf, Erztruchseß und Churfürst etc. etc.‹.«

Ein allerhöchster Erlaß vom 4. Januar 1806 genehmigt diese Vorschläge. Und knappe drei Wochen später, am 21. Januar, veröffentlicht das Regierungsblatt auf der Titelseite das neue königlich bayerische Wappen »von Kupferstich abgedrückt«. Aber der Staatsarchivar Pallhausen ist mit dieser Publikation alles eher als glücklich und zufrieden. Noch am gleichen Tag schreibt er seinen Ärger herunter: die blauen und silbernen Rauten seien verkehrt gesetzt und die Krone auf dem Hauptschild sowohl als auch die auf dem Gezelt sei einem Churhut erheblich ähnlicher als einer Königskrone. Und denen, die sich daran stoßen, daß auf dem Schild die Zahl der Rauten nicht genau eingehalten sei, erwidert er: »Ich weiß gar wohl, daß die Zahl der Rauten gewöhnlich auf 21 gesetzt worden ist. Spener selbst macht Meldung von Rhombis 21 angusteis et caeruleis, aber Spener schrieb es nur dem bekannten Chifflet nach und dieser sagt nur, daß Friedrich der II. Kurfürst von der Pfalz den Schild mit 21 Rauten geführt habe. Daraus folgt aber nun nicht, daß es immer 21 Rauten waren, oder sein müssen. Es waren bald 24, bald 19, bald mehr oder weniger.« Im übrigen, »kommt es hauptsächlich nur darauf an, daß sie richtig gestellt sind, und ihre Größe mit der Größe des Wappens und des Herzschildes im Verhältnis steht . . . .«

Das erste Wappen des Königreiches Bayern
von 1806

Daß es zu allen Zeiten Menschen gibt, die Mängel suchen, um laut verkünden zu können, daß dieses und jenes nichts taugt, muß auch Pallhausen erfahren. Seine Wappenzeichnung wird bemängelt, das heißt, die Schildhalterlöwen mit der einwärts gekehrten Haltung der Köpfe sei falsch. Aber Pallhausen setzt sich zur Wehr: »Da die Löwen beim königlich-bayerischen Wappen ein Scepter und Schwert in der einen Bracke halten, so ist es passender, wenn sie einwärts gegen dasselbe schauen. Auf gleiche Art sind die Schildhälter von Großbritannien, Schweden, Portugal und andere gestellt.« Im übrigen solle man die alten bayerischen Wappen nur anschauen, »... wo die Löwen als Schildhälter bald auswärts, bald einwärts und bald gerade vorwärts schauen.«

In einem Bericht vom 24. Februar 1806 bringt der nunmehr königlich bayerische Staatsarchivar von Pallhausen eine genaue Beschreibung des neuen königlich bayerischen Wappens und des geheimen Staatssiegels: »Das dermalige Königlich-baierische Wappen hat einen einzigen Hauptschild und einen in die Länge getheilten Herz- oder Mittelschild. Das Hauptschild besteht aus blauen und silbernen von der Linken zur Rechten in einer Diagonal-Linie aufsteigenden Rauten oder Wecken, deren Zahl dermalen unbestimmt ist.

Ober diesem Hauptschild, welches das Symbol des Königreichs Baiern und aller dazu gehörigen Länder ist, ruht die Königliche Krone. – In dem getheilten Mittelschilde ist rechts der goldene Reichsapfel mit einem goldenen Kreutze im rothen Felde, wegen der Churwürde und des damit verbundenen Erztruchsessenamtes; links ist ein streitfertiger – nach der rechten Seite aufgestellter goldener Löwe mit einer roten Krone auf dem Kopf, mit ausgeschlagener rothen Zunge und ausgespreiteten rothen Klauen, dann mit einem aufwärts geschlungenen und gespaltenen Schweife im schwarzen Felde, wegen der erzpfalzgräflichen Würde. Dieses Mittelschild ist mit dem Churhut bedeckt. – Um das Hauptschild hängen unten die drei Hausorden, nämlich des heiligen Hubertus, des heil. Georgs und des Pfälzischen Löwen.

Die Schildhälter sind zween aufgestellte – mit den Köpfen einwärts gekehrte – mit goldenen Kronen gezierte Löwen, wovon der eine zur rechten Seite das Königliche Szepter, der zur Linken aber das Schwert in einer Bracke hält.

Das Ganze steht unter einem auswärts purpurfarbigen inwendig aber mit Hermelin ausgefütterten Wappenzelte, welches auf beiden Seiten in Knoten aufgeschürzt ist oder über Zeltstangen geschlungen zu sein scheint. Der Gipfel desselben ist mit einer königlichen Krone besetzt.

Dieses Wappen wird als Siegel nur von Sr. Königlichen Majestät selbst und von der allerhöchsten Stelle oder bei den königlichen geheimen Ministerialdepartements der auswärtigen, der Finanz-, der Justiz- und der geistlichen Angelegenheiten zu Ausfertigungen allerhöchster Befehle und Entschließungen geführt, welche vier sich lediglich durch die unter dem Wappen auf beiden Seiten sich befindlichen Buchstaben A.D., F.D., J.D., G.D. unterscheiden.

Die Umschrift auf diesen Siegeln ist: Maximilianus Josephus D.G. Rex Bojoariae, S.R.I. Archicomes Palatinus Archidapifer et Elector, wo also die Legende des Mittelschildes in aufsteigender Ordnung von der Linken zur Rechten zu nehmen ist ...«

Alle Einzelheiten sind genau festgelegt nach Rang und Würden. So wird den königlichen Staatsministern und den obersten Hofämtern zugestanden, bei wichtigeren Ausfertigungen in ihrem Amt »das nämliche Wappen« im Siegel zu führen, allerdings mit ganz genauen Auflagen: Es darf nur ohne die Hausorden gebraucht werden, darf nur die Größe eines kleinen Thalers haben und muß zum Beispiel die Umschrift »Siegel des königlich baierischen Obersten-Hofmeister-Stabes« tragen. Den übrigen Hofämtern steht nur das ganz kleine Siegel zu.

Im folgenden sei als Beispiel zitiert die *Beschreibung der Siegel für die Königlich Baierischen administrativen Landesstellen und Justizkollegien.* Sie lautet: »Die königlichen Landesdirektionen, die obersten Justizstellen und die Hofgerichte führen die Siegel in der Größe, wie vorhin, und dem Inhalte nach das Wappen, wie bei der allerhöchsten Stelle mit dem Haupt- und Mittelschilde, mit der Königskrone und dem Churhute, dann die beiden Schildhälter mit dem Szepter und Schwert; aber das königliche Zelt und die Hausorden bleiben weg.

Die Schildhälter stehen auf einem leichten Fußschemel von zwei Stu-

fen, welcher rechts mit einem Palm- und links mit einem Loorbeer-
zweige, die sich unten durchkreuzen, geziert ist. Die Umschrift bezeichnet die im Namen Seiner Königlichen Majestät befehlende Stelle, z. B.
Königliche Landes-Direktion in Baiern – oder Königlich Baierische
Landes-Direktion in Schwaben u. dgl. – In der Exergue kann der Name
der Stadt, wo die Landesdirektion etc. sich befindet, gesetzt werden,
z. B. München, Ulm, u.s.f.

Die Siegel für die untergeordneten Behörden und Ämter etc. führen
zwar das obige Wappen in einem ebenfalls nach voriger Art quadrierten
Haupt- und Mittelschilde mit der Königlichen Krone und mit dem
Churhute besetzt; aber nicht nur allein das Wappenzelt, sondern auch
die Schildhälter bleiben weg. Statt derselben umgibt rechts ein Loor-
beer- und links ein Palmenzweig das Wappen, und die Unterschrift
zeigt das betreffende Amt an ...«

Die Abänderung des Wappens setzt ja meist eine neue politische Entwicklung voraus. Nachdem die sogenannte Bundesakte am 12. Juli
1806 von Bayern unterzeichnet und damit die Trennung vom Heiligen
Römischen Reich deutscher Nation vollzogen wird, muß man auch das
Wappen ändern. Der Churhut ist überholt und der Staatsarchivar von
Pallhausen muß sich um eine neue Lösung bemühen. In der allerhöchsten Verfügung heißt es unter anderem, der Staatsarchivar habe sich
mit der Zusammensetzung »des großen Majestätssiegels, in welches
alle Unsere Besitzungen aufgenommen werden sollen, zu beschäfti-
gen.« Dieser allerhöchste Wunsch kommt aber nicht zur Ausführung.
Es bleibt im großen und ganzen bei der ersten Lösung.

Am 18. August 1806 wird dem geheimen Rat und Vorstand des
Reichsheroldenamtes Johann Nepomuk Gottfried von Krenner der Vor-

schlag des Herrn von Pallhausen übergeben. Herr von Krenner ist mit der Lösung im allgemeinen einverstanden, möchte allerdings die Zahl der Rauten auf »die historische Zahl« von 21 festgelegt wissen, während Pallhausen 28 vorschlägt.

Am 17. Januar 1807 werden im Regierungsblatt, zusammen mit der *Konföderationsakte der rheinischen Bundesstaaten* auch die Königlichen allerhöchsten Verordnungen vom Dezember 1806 das Königliche Wappen und Siegel betreffend veröffentlicht:

»Wir Maximilian Joseph, von Gottes Gnaden König von Baiern. Durch die nach Abschluß der rheinischen Bundes-Akte angenommenen Souveränität finden Wir Uns bewogen, Unser bisher geführtes königliches Wappen in einigen Stücken abzuändern. Unsere General-Landes-Kommissariate erhalten daher hiemit den Auftrag, strenge darauf zu halten, daß in den Siegeln der administrativen Stellen sowohl, als der untergeordneten Behörden und Ämter nicht mehrere Wappen-Attribute und Verzierungen, als hiemit verordnet wird, angebracht werden, um nach den verschiedenen Abstufungen eine respektive Gleichförmigkeit allenthalten zu beobachten.

Unser Ministerium der auswärtigen Angelegenheiten hat den Auftrag, die nöthigen Amtssiegel verfertigen und selbe den betreffenden Stellen zukommen zu lassen.

Gegenwärtige Verordnung ist durch das Regierungsblatt bekannt zu machen, und demselben eine in Kupfer gestochene richtige Zeichnung des Wappens beizulegen.

München, den 20. Dezember 1806.

[gez.] Max Joseph
Freyherr von Montgelas.
Auf königlichen allerhöchsten
Befehl. [gez.] von Flad.

Das neue königliche Wappen besteht aus einem einzigen Hauptschild und einem Herz- oder Mittelschilde. Beyde sind länglichte, unten an den Ecken etwas zugerundete und in der Mitte in eine kleine Spitze auslaufende Vierecke.

Das Erstere enthält theils silberne, theils lazurne Rauten oder Wekken, welche (eigentlich zwey und vierzig an der Zahl) von der Linken zur Rechten in einer Diagonal-Linie aufsteigen. In dem inserirten oder aufgelegten Herz-Schilde befindet sich auf zinnoberrothem Felde ein goldenes Szepter, und ein blankes Schwert mit einem goldenen Griffe; beyde stehen, jenes rechts, dieses links, kreuzweise übereinander. Oben zwischen denselben schwebt eine goldene, mit Halbzirkeln geschlossene Königskrone. Auf dem Hauptschilde ruht ebenfalls eine goldene, mit Edelsteinen und Perlen gezierte, geschlossene und oben mit einem Reichsapfel besetzte Königskrone. Durch die zwey und vierzig, theils sichtbaren, theils durch das Herzschild, welches das Simbol der Souverainität, der vollkommenen Unabhängigkeit und unumschränkten Herrschersmacht ist, verdeckten Rauten sind alle mit Baiern vereinigten, in Franken, Schwaben und Tyrol gelegenen Provinzen und Bezirke, Herzog- und Fürstenthümer, Graf- und Herrschaften als wahre einverleibte Bestandtheile des Königreiches angedeutet und ausgesprochen, ohne daß für selbe noch besondere Simbole, oder Wappenzeichen aufgeführt werden.

Um das Hauptschild hängen die drey königlichen Hausorden, nämlich der des heiligen Hubert, des heiligen Georg und des goldenen Löwen. Die Schildhalter sind zwey mit den Köpfen einwärtsgekehrte und mit goldenen Kronen gezierte Löwen, mit ausgeschlagenen rothen Zungen, vorgestreckten rothen Klauen, und gespaltenen Schweifen.

Jeder Löwe hält an einer goldenen Lanze ein mit goldenen Tressen

KÖNIGREICH BAYERN
1806 – 1835

und Quastenschnüren geziertes und auswärts gewendetes Panier, auf dessen Flagge ein und zwanzig silberne und lazurne, von der Linken zur Rechten aufwärtsgeschobene Rauten angebracht sind.

Das ganze ist mit einem königlichen, auf beyden Seiten in ungebundenem Knoten aufgeschlungenen, auswendig purpurnen, inwendig mit Hermelin ausgeschlagenen, an der Kuppe und am Saum mit goldenen Quasten, Krepinen und Tressen besetzten Gezelte umgeben, auf dessen Gipfel sich eine goldene Königskrone befindet.

Aus diesem auf solche Art gebildeten und gezierten Wappen besteht auch das Majestäts-Siegel und große geheime Siegel, welches bey den königlichen geheimen Ministerial-Departements und dem geheimen Kriegs-Bureau geführt wird.

Die Umschrift auf demselben ist: Maximilianus Josephus Dei gratia Rex Bojoariae. Die auf beyden Seiten gesetzten Buchstaben bezeichnen das betreffende Departement, von welchem die allerhöchsten Befehle ausgefertigt werden.

Die größeren Siegel der Königlichen obersten Hofstäbe, welche unmittelbar unter der allerhöchsten Person Seiner königlichen Majestät stehen, unterscheiden sich von den geheimen Departements-Siegeln dadurch, daß sie im Umfange etwas kleiner, und die drey Hausorden weggelassen sind, und anstatt des Allerhöchsten Namens die Umschrift von dem betreffenden Stabe geführt wird.

Bey den Dikasterial- und Kollegial-Siegeln, nämlich der königlichen Landes-Direktionen, obersten Justiz-Stellen und Königlichen Hofgerichte sind die drey Haus-Orden, das Gezelt und die zwey Paniere weggelassen; die mit den Köpfen einwärts gekehrten und gekrönten Löwen aber halten das Schild. Die Umschrift bezeichnet die administrative Stelle, und in der Exergue ist der Name der Stadt, worin selbe ihren Sitz hat, angezeigt. In den Siegeln aller untergeordneten Behörden und Ämter bleiben auch die Schildhalter (Löwen) weg. Der Hauptschild, worin der Mittelschild enthalten, ist oben mit einer Königskrone geziert, übrigens aber lediglich mit einem Lorbeer- und Palmenzweig umkränzt. Die Umschrift zeigt das Amt an …«

Im Zug dieser Neuordnung gestaltet man natürlich auch die Titel und Wappen der königlichen Prinzen und Prinzessinnen um. Wie das zu geschehen hat, legen der Staatsrath Friedrich von Zentner und Vinzenz von Pallhausen fest. Sie unterbreiten ihre Vorschläge dem König am 14. Januar 1807. Max I. Joseph ist damit einverstanden und so wird das Allerhöchste Dekret am 14. Februar 1807 im Regierungsblatt veröffentlicht:

»A. Für den Kronprinzen (Ludwig) von Baiern.

Dieses soll künftig enthalten einen Hauptschild von 42 silbernen und lazurnen Rauten und einen rothen Mittelschild, in welchem eine königliche, geschlossene, aus zweien Halbzirkeln bestehende Krone sich befindet. Die Schildhälter sind die zwei Löwen, aber ohne Paniere. Auf dem Hauptschilde ist oben eine Krone wie in dem Mittelschilde. Das ganze Wappen steht unter einem Gezelte und ist mit denjenigen Orden umgeben, mit welchen der Kronprinz von Seiner Majestät dem König dekoriert worden.

B. Für den zweitgebornen Prinzen Karl Theodor, sowie für alle nachgebornen Prinzen und Prinzessinnen der königlichen Linie. Besteht aus dem einzigen Hauptschilde mit 42 Rauten (ohne Mittelschild), auf dem Hauptschilde ist eine königliche Krone, wie die obige, mit zwei Halbzirkeln geschlossen, aber ohne Reichsapfel; statt dessen steht oben ein doppeltes Laub (Eichenlaub) …

Da der königliche Prinz Karl Theodor die Würde eines Großpriors der baierischen Loge des Johanniterordens besitzt, so kann derselbe auch ein Mittelschild mit dem gewöhnlichen Ordenskreuz führen ...

C. Für den Herrn Herzog Wilhelm und seine Nachkommen.

Das Wappen besteht künftig mit Weglassung des pfalzgräflichen Löwen aus einem einzigen Hauptschilde mit 42 Rauten, wie bei den königlichen Prinzen, welches aber statt der Krone mit einem herzoglichen Hute besetzt ist. Die Schildhälter sind zwei Löwen. Das ganze Wappen steht unter einem herzoglichen Purpurmantel ...«

Als man sich 1815 überlegt, ob man dem König vorschlagen soll, er möge eine größere Titulatur annehmen, zumindest aber »König von Bayern und Franken, Herzog in Schwaben, Pfalzgraf (oder Herzog) am Rhein«, liefert der Staatsrat von Zentner ein Gutachten, in dem sich auch ein Abschnitt auf die Einführung des Wappens von 1807 bezieht: »Der baierische Staat ist ursprünglich aus mehreren, vormals für sich bestandenen Ländern und Gebieten zusammengesetzt, jedes Land hatte seine eigenen Gesetze, eigene Verfassung, auf jedem beruhte in der ehemaligen deutschen Verfassung ein eigenes Stimm-Recht, von jedem wurden besondere Wappen und Titulaturen geführt.

Nachdem die deutsche Reichsverfassung aufgelöst war, ging das Bestreben der baierischen Regierung dahin, aus dem Aggregat der verschiedenen Länder und Gebiete einen Staat zu bilden – hernach wurden alle besonderen Verfassungen, Privilegien der einzelnen Länder und Gebiete aufgehoben, alle wurden in dem Königreich Baiern – einem unzertrennbarem einzigen Staate – vereiniget, der durch eine Nationalrepräsentation vertreten, nach gleichen Gesetzen gerichtet und nach gleichen Grundsätzen verwaltet werden sollte; die Namen, Wappen und Titel der ehemaligen Provinzen wurden nicht mehr aufgeführt; das Ganze wurde, ohne Rücksicht auf die ehemaligen Provinzen, in möglichst gleiche Kreise (Bezirke) eingetheilt; der König nahm den einfachen Titel eines Königs von Baiern an, auf gleiche Art wurde das Wappen und die Siegel eingerichtet; für die mit Baiern vereinigten, in Franken, Schwaben und Tirol gelegenen Provinzen und Bezirke, Herzog- und Fürstenthümer, Graf- und Herrschaften wurden keine besonderen Symbole oder Wappenzeichen aufgeführt, nur durch zwei und vierzig theils sichtbare theils durch das Herzschild, das Symbol der Souveränität, verdeckte Rauten wurden jene ehemaligen Provinzen als nun einverleibte Bestandtheile des Königreichs angedeutet.

In demselben Geiste ist auch die neue Constitution für Baiern verfaßt, die Einheit des Staates in Verfassung, Gesetzen und Verwaltung soll erhalten und das ehemalige Provinzsystem soll nicht wieder hergestellt werden. Wenn von diesem Gesichtspunkte ausgegangen wird, so scheint es nicht räthlich zu sein, die von besonderen Provinzen herrührenden Titulaturen und Wappenzeichen wieder einzuführen, es ist zu fürchten: daß dadurch der alte Provinzial-Geist wieder geweckt werde, der Franke, Schwabe und Rheinländer von dem Baier getrennt bleibe und folglich die dem baierischen Staate einverleibten Völker nie einen Nationalgeist erhalten und sich als Theile eines Ganzen ansehen werden.« Diese Auslegung des königlich bayerischen Wappens von 1806 ist nicht überall auf Verständnis gestoßen, aber zu Lebzeiten König Max I. ist der Schild nicht geändert worden.

Von 1835 bis 1918

Als Max I. Joseph am 13. Oktober 1825 stirbt, wird sein Sohn Ludwig I. zum König proklamiert. Als Kronprinz hat er sich schon 1801 ein eigenes Wappen anfertigen lassen, eine Bildertafel der Herrschaften mit den Wappenzeichen von Bayern und der Pfalz, von Jülich, Kleve, Berg, Mark und Ravensberg, von Sponheim, Veldenz, Rappoltstein und Hohenack.

Der junge König möchte das Wappen von 1807 ändern, und so schreibt er 1834 persönlich seinem Minister: »Herr Staatsminister des Königlichen Hauses und des Äußeren, Freiherr von Gise! Ich trage Ihnen auf, mir bald möglichst ein in hinlänglicher Größe gemaltes Königliches Wappen vorzulegen, was jedoch wenigstens dermalen nur als ein Entwurf zu betrachten ist. Dasselbe soll in vier Felder mit einem Herzschild getheilt sein. Das Feld oben rechts soll den pfälzischen Löwen, jenes oben links das fränkische Herzogspanier, das unten rechts das Wappen des Fürstenthums Augsburg und das links das alte Mainzerrad des Fürstenthums Aschaffenburg, endlich das Herzschild die bayerischen Rauten enthalten. Die Krone auf dem Herzschilde, so wie Zepter und Schwert in selbem soll hinwegbleiben. Als Wappenhalter sollen die gekrönten Löwen, jedoch ohne Paniers, beibehalten werden.
München, den 5. Juni 1834

Ihr
wohlgewogener König
Ludwig«

Seine Exzellenz der Herr Staatsminister von Gise ist seinem König treu ergeben, aber so pflichtbewußt, daß er glaubt, er muß seinem König zumindest dort widersprechen, wo er es für richtig hält. Auf den Tag eine Woche später antwortet er seinem König, und eröffnet Seiner Majestät seine Bedenken: »Eure Königliche Majestät scheinen zunächst die Unterdrückung des rothen Herzschildchens, worauf Scepter, Schwerdt und Krone erscheinen, zu beabsichtigen.

Allein es wurde von Heraldikern über den Vorschlag, daß der Hauptschild nur aus den bayerischen Rauten ohne Herzschild bestehen sollte, schon im Jahre 1806 bemerkt, daß ein solcher Schild zu einfach aussehe, wenig in die Augen falle, und gar nicht zu imponieren scheine …« Er spricht weiter davon, daß der rote Herzschild historisch »wol begründet« sei, denn er erscheine schon »im Jahre 1459 in dem Wappen des Churfürsten und Herzogs Ludwig in Bayern«; Gise bezieht sich ähnlich fragwürdig auf eine angeblich rote Sankt-Georgsfahne. Im übrigen bedürfe ein neues Wappen einer besonderen sorgfältigen Prüfung, gerade weil Erinnerungen und überholte historische Verhältnisse wachgerufen würden. Außerdem koste ja ein derartiges Unternehmen auch eine ganz schöne Summe Geld, man brauche dabei nur an die Kosten denken, die allein durch die Abänderung der Siegel aller Behörden und Ämter entstehen.

Aber trotz aller Einwände legt Gise doch einen neuen Wappenentwurf vor. Die oberste Reihe zeigt die Wappen von der Pfalz, von Franken, Bamberg, Augsburg, Freising, Passau. In der zweiten Reihe rechts Kempten und Leuchtenberg, links Mindelheim und Ottobeuren. In der dritten Reihe rechts Helfenstein und Rothenburg, links Nürnberg und Bayreuth. Der Mittelschild zeigt die bayerischen Rauten mit rotem Herzschild, darauf einmal die bayerische Krone, das andere Mal Zepter und Schwert gekreuzt und darüber die bayerische Krone. Unter dem Mittelschild sind die Wappen von Eichstätt und Regensburg angebracht; den Schluß bilden in der untersten Reihe Würzburg, Aschaffenburg, Speyer, Zweibrücken und Sponheim. Damit wären es mehr Wappen im Schild als unter Max IV. Joseph, ehe er König wurde.

König Ludwig I. bestimmt nun am 13. Juni, daß an Stelle des Wappens mit dem Würzburger Fähnlein, das er irrtümlich für das Wappen

65

von Franken gehalten habe, nun das richtige, »nämlich die Spitzen«, genommen werden sollen. In dem bereits weiter oben mehrfach zitierten Katalog *Wappen in Bayern* wird sowohl das Fähnlein als auch der ›fränkische Rechen‹ ausführlich erläutert: »Das Banner des Bistums Würzburg in der Zürcher Wappenrolle um 1335 (s. Abschnitt XI) zeigt die vordere Hälfte des gespaltenen Tuchs geteilt von Rot und Weiß, die hintere fünfmal geteilt von Weiß und Rot. Damit soll zweifellos das auch ›Sturmfahne‹ genannte ›Rennfähnlein‹ gemeint sein, das in Ortswappen des damaligen Hochstiftsgebiets seit der Mitte des 14. Jh. auch als Bild erscheint: quadratisches, eingekerbtes, von Rot und Silber geviertes Banner. Die hintere Bannerhälfte in der Zürcher Zeichnung ist vermutlich die mißglückte Wiedergabe der Lätze eines Gonfanon. Die Würzburger Fahne bezog man früher auf die Belehnung der Bischöfe mit dem (Titular-) Herzogtum Franken durch Friedrich Barbarossa 1168. Gleichzeitig mit ihr tritt in den Quellen das in der Form andersartige Schildbild des Hochstifts Würzburg auf, das wegen seines Aussehens schon im 16. Jh. die volkstümliche Bezeichnung ›Rechen‹ trug: in Rot drei gekürzte silberne Spitzen. Zusammen mit dem Rennfähnlein erscheint es auf den Grabmälern der Bischöfe seit Wolfram v. Grumbach (gest. 1333), ebenso in den Bischofssiegeln von 1400 an. Der Rechen allein findet sich dagegen zuerst in Stadtsiegeln seit mindestens 1340 als Herrschaftszeichen. Deutlich kommt sein Vorrang auf Münzen schon im letzten Viertel des 14. Jh. zum Ausdruck, als er mit dem persönlichen Wappen des Bischofs im gevierten Schild vereinigt wird. Fußend auf einer seit 1488 bekannten Humanistenfabel gewann der Rechen zu Beginn des 16. Jh. weitere Bedeutung; als Symbol für den Begriff ›Franken‹ schlechthin gab man ihn als Zeichen für das Turnierland Franken und sogar als Phantasiewappen für die Stadt Köln aus.

Die Wappenverleihung Napoleons I. für Köln 1811 knüpfte an derartige Vorstellungen an. In Bayern brachte man bei der Neuschaffung des kurfürstlichen Wappens von 1804 den Rechen irrigerweise mit dem Herzogtum Franken in Verbindung, seitdem hat er sich sowohl in der staatlichen Heraldik als auch in der öffentlichen Meinung fast widerspruchslos als Repräsentant aller fränkischen Gebiete im heutigen Bayern durchgesetzt.« Allen anderen Einwänden und heraldischen Ratschlägen zum Trotz bleibt König Ludwig hartnäckig und dickköpfig. Er will kein Bilderbuch von Herrschaftsansprüchen. Das heißt aber nun nicht, daß er nicht mit sich reden ließe. Als ihm folgender Einwand vorgelegt wird, respektiert er ihn ohne Zögern: »... das von Roth und Silber in die Länge getheilte rechte (untere) Feld deutet das Fürstenthum Augsburg an. Wenn an diesem Platze die Provinz Schwaben repräsentiert werden sollte, so wäre zu erwägen, ob dafür nicht besser das Wappenzeichen der mehr westlich gelegenen Markgrafschaft Burgau zu wählen wäre, bestehend in einem schräg links von Weiß und Roth gebälkten Felde mit einem goldenen senkrechten Streifen ...

Wenn das Herzschild Bayern, das erste Feld die Pfalz, das zweite Franken und das dritte Schwaben bezeichnet, so wäre die Frage, ob im vierten und letzten nicht etwa auch die Rheinlande anzudeuten wären, wofür der Schild der alten Rheingrafen, deren Besitzungen großentheils an das bayerische Stammhaus gelangten, gewählt werden dürfte, in welchem ein rother blau gekrönter Löwe in Gold erschien.«

Ein gutes Jahr haben sich die Verhandlungen hingezogen. Aber am 17. Juni 1835 ist es dann soweit: der König genehmigt das Wappen, das bis 1918 seine Gültigkeit behalten sollte. Am 20. Oktober 1835 wird die *Königliche Allerhöchste Verordnung, das königliche Wappen und Siegel betreffend* im Regierungsblatt veröffentlicht:

67

»Ludwig, von Gottes Gnaden König von Bayern etc. etc. beschließen, Unser bisheriges Königliches Wappen abzuändern, und wünschen, daß die Lande, welche die göttliche Vorsehung in dem bayerischen Reiche zu einem innig verbundenen Ganzen vereiniget hat, einen sprechenden Beweis Unseres Königlichen Wohlwollens darin sehen, daß Wir, da die Bestimmung des Haus- und Staatstitels, sowie des Wappens lediglich von Unserem souveränen Ausspruche abhängt, unter Aufhebung der Bekanntmachung vom 20. Dezember 1806 durch das Regierungsblatt vom Jahre 1807, Seite 135, hierüber Folgendes verordnen:

Das neue Königliche Wappen besteht aus einem quadrierten Schilde mit einem Herz- oder Mittelschilde, welche beide länglichte, unten zusammengehängte Vierecke bilden.

Das Herzschild enthält die bayerischen silbernen und lasurnen Rauten, von der Linken zur Rechten in einer Diagonallinie aufsteigend; das Hauptschild hingegen im oberen rechten schwarzen Felde einen nach der rechten Seite aufspringenden, streitfertigen, goldenen Löwen mit rother Krone, ausgeschlagener Zunge und aufwärts geschlungenem, gespaltenem Schweife; im oberen linken rothen Felde drei bis über die Mitte aufsteigende silberne Spitzen, im unteren rechten, von Silber und Roth sechsfach schräg links gestreiften Felde einen goldenen Pfahl, endlich im unteren linken silbernen Felde einen rechts aufspringenden blauen, goldgekrönten Löwen mit roth ausgeschlagener Zunge und aufwärts geschlungenem einfachen Schweife.

Das Schild bedeckt die goldene mit Edelsteinen und Perlen verzierte bayerische Königskrone, oben mit dem Reichsapfel besetzt. Dasselbe ruht auf einem marmornen Sockel. Die Schildhalter sind aufrecht stehende, mit dem Kopfe auswärts gekehrte, goldgekrönte Löwen mit ausgeschlagener Zunge, aufwärts geschlungenem gespalten Schweife.

KÖNIGREICH BAYERN
1835 – 1918

Das Schild umgeben die Insignien Unseres Haus-Ordens vom heil. Hubert auf drei Seiten, am Fuße jene Unseres Haus-Ordens vom heil. Georg, des Militär-Max-Josephs-Ordens und des Civil-Verdienst-Ordens der bayerischen Krone. Das ganze Majestäts-Wappen steht in einem Königszelt von purpurnem Sammet, auf beiden Seiten in ungebundenen Knoten aufgeschlungen, inwendig mit Hermelin gefüttert, an der Kuppel und am Saume mit goldener Stickerei, Quasten und Tressen reich verziert, und am Gipfel wieder mit der Königskrone bedeckt.

Aus diesem so gebildeten und gezierten Wappen besteht auch das große Insiegel des Reiches und das größere geheime Kanzlei-Insiegel. Die Umschrift auf demselben ist: Ludovicus Dei Gratia Rex Bojoariae etc. etc. ...«

Mit diesem Wappen, dem neuen »Majestäts-Wappen«, ändert sich nun auch der Titel des Königs. Die neue Titulatur lautet: »Ludwig von Gottes Gnaden, König von Bayern, Pfalzgraf bei Rhein, Herzog von Bayern, Franken und in Schwaben etc. etc.«

Auch die Wappen des Kronprinzen, der Königlichen Prinzen und der Herzoge von Bayern sind genau festgelegt, und sie unterscheiden sich sehr wohl voneinander.

»Das Wappen des Kronprinzen und des Königlichen Prinzen von Bayern ist, was das Schild, die Schildhalter, den Sockel und die Königlichen Orden belangt, soweit solche zur Anwendung kommen, mit dem Majestätswappen übereinstimmend. Dasselbe umgibt jedoch nur ein Fürstenzelt mit ausgeschlagenem Hermelin und gebundenen Knoten, ohne Kuppel und Stickerei. Eine Königliche, mit Perlen verzierte Krone erscheint auf dem Fürstengezelt nicht, aber ober dem Schilde.

Das Wappen der Herzoge in Bayern hat einen einzigen, mit dem Herzogshut besetzten Hauptschild, die bayerischen Rauten darstellend. Die Schildhalter sind die bayerischen Löwen, wie bei dem Majestätswappen, und diese, sowie der herzogliche Purpurmantel mit dem Herzogshute geschmückt.

In Hinsicht auf die Größe der verschiedenen Siegel bleibt es bei der vorigen Bestimmung.

Die größeren Siegel Unserer obersten Hofstäbe unterscheiden sich von dem größeren geheimen Kanzlei-Insiegel, daß sie im Umfange etwas kleiner sind und mit Hinweglassung Unserer Königlichen Orden lediglich die Umschrift von dem betreffenden Stabe führen.

In den Siegeln der mittleren Kollegialstellen und der denselben coordinirten oberen Behörden bleiben das Königszelt und Unsere Orden hinweg, jedoch die Schildhalter und der Sockel beibehalten, die unteren Behörden und Ämter bedienen sich nur des Mittelschildes mit den Rauten, oben mit der Königskrone geziert und mit einem Lorbeer- und Palmenzweige umkränzt.

In dem Wir unsere sämmtlichen Staatsministerien mit dem Vollzuge dieser Anordnung beauftragen, lassen Wir solche durch das Regierungsblatt bekannt machen, und demselben eine richtige Zeichnung des neuen Wappens anfügen.

München, 18. Oktober 1835

gez. Ludwig
gez. Freiherr von Gise«

Dieses Wappen behält seine Gültigkeit bis zum Jahr 1918.

Allerdings gibt es der Vollständigkeit halber noch einiges nachzutragen. Die Angehörigen des herzoglichen Hauses sind mit dem Wappen, das ihnen zugedacht ist, nicht recht einverstanden und bitten noch im gleichen Monat um eine Abänderung, die ihnen vom König zugestanden wird:

»Ludwig

von Gottes Gnaden König von Bayern, Pfalzgraf bei Rhein, Herzog von Bayern, Franken und in Schwaben etc.

Wir haben Uns hinsichtlich Unserer Allerhöchsten Verordnung vom 18. d. M., das königliche Wappen und Siegel betreffend, Allergnädigst bewogen gefunden, die hierin vorkommende Bestimmung über das Wappen der Herzoge in Bayern auf bittliches Ansuchen der Glieder der Nebenlinie Unseres Hauses dahin abzuändern, daß dieselben, in dem sie sich fortan Herzoge in Bayern nennen werden, gleichfalls berechtigt sein sollen, des Schildes Unseres Majestäts-Wappens mit vier Feldern und dem Mittelschilde, wie die königlichen Prinzen von Bayern, sich in ihrem Wappen und Siegel zu bedienen, jedoch unter Beibehaltung des Herzogshutes auf dem herzoglichen Purpurmantel und als Kopfbedekkung der Schildhalter deren Stellung den auf einer festen Basis stehenden Löwen Unseres Majestätswappens gehörig anzupassen ist. Wir eröffnen dieses hiermit Unserem Staatsministerium des Hauses und des äußeren mit dem Auftrage, das Erforderliche hiernach zu verfügen.

München, den 31. Oktober 1835.

gez. Ludwig
gez. Freiherr von Gise«

Bis 1889 bleibt diese Verordnung in Kraft. Dann wird das Wappen für die herzogliche Linie der Wittelsbacher noch einmal abgeändert:

»Bekanntmachung, das Wappen der Herzoge in Bayern betreffend.
K. Staatsministerium des Königlichen Hauses und des Äußern.

Im Namen Seiner Majestät des Königs.

Seine Königliche Hoheit Prinz Luitpold, des Königreichs Bayern Verweser, haben sich auf Ansuchen Seiner Königlichen Hoheit des Herzogs Karl Theodor in Bayern vermöge Allerhöchster Entschließung vom 21. Februar l. J. Allergnädigst bewogen gefunden, unter Abänderung des Nachtrags zur K. Allerhöchsten Verordnung vom 18. Oktober 1835, das Königliche Wappen und Siegel betreffend, vom 31. Oktober 1835 ... dem Chef, sowie den sämtlichen Mitgliedern des Herzoglichen Hauses das Recht zu verleihen, künftighin das gleiche Wappen zu führen, wie es durch die Kgl. Allerhöchste Verordnung vom 18. Oktober 1835, das Königliche Wappen und Siegel betreffend ... für die Königlichen Prinzen von Bayern bestimmt ist.

München, den 28. Februar 1889.

gez. Frhr. v. Crailsheim
der General-Sekretär:
gez. Frhr. v. Völderndorff«

Der schon genannte Geheime Sekretär des k. b. Geheimen Staatsarchives, Jochner, hat seine Arbeit über das *Wittelsbachische Hauswappen*, die 1894 in der Zeitschrift *Das Bayerland* erschienen ist, folgendermaßen geschlossen: »Was nun die Amtssiegel der königlichen Stellen und Behörden betrifft, so ist bezüglich derselben im Allgemeinen auf die vorhin im Wortlaute mitgeteilte Allerhöchste Verordnung vom Jahre 1835 zu verweisen, im Speziellen ist die Anfertigung der Dienstsiegel Sache und Aufgabe des königl. Hauptmünzamtes, durch welches einzig und allein die Siegel sämtlicher Ämter hergestellt werden dürfen. Neuestens wurde auch denjenigen Gemeinden, welche nicht schon ein von alters hergebrachtes Wappen besaßen, gestattet, sich des kleinen bayerischen Wappens als Siegel zu bedienen. Außerdem berechtigt die Verleihung des Hoftitels zur Führung des großen Wappens auf den Aushängeschildern etc. der Geschäfte ...« Noch heute finden wir das königliche Wappen an Ladentüren von Geschäften, die ehedem königlich bayerische Hoflieferanten waren. Des weiteren schreibt Jochner: »Der Gebrauch des königlich bayerischen Wappens wurde endlich einzelnen Privatinstituten gestattet, so schon im Jahre 1835 der bayerischen Hypothek- und Wechselbank, etwas später (1842) an die Advokaten-Witwen- und Waisen-Pensionsanstalt, an das Germanische Museum als damalige Aktiengesellschaft, an die Pfälzer Eisenbahnen, die Ostbahn, ferner an das Gewerbemuseum in Nürnberg 1872, 1880 an das bayerische Landeskomitee für freiwillige Hilfstätigkeit im Kriege, 1886 an den bayerischen Veteranen- und Kriegerverein; auch führen seit 1885 die bayerischen Versicherungsanstalten und Berufsgenossenschaften im Bereiche der Unfall-, Kranken-, und Invaliditäts- und Altersversicherung das königlich bayerische Siegel und Wappen.

Zum Schlusse möge noch die kurze Bemerkung gestattet sein, daß auch die Neuformation des Wappens vom Jahre 1835 nicht allgemeinen Beifall gefunden hat, und dementsprechende Anstrengungen gemacht wurden, dasselbe zu verdrängen. Im Jahre 1856 hat kein Geringerer als Direktor Kaulbach Skizzen für den Entwurf eines neuen Majestätssiegels angefertigt, ohne daß die Vorschläge jedoch an maßgebender Stelle Anklang gefunden hätten.

Neben den Tadlern aber finden wir auch hervorragende, der Heraldik kundige Männer, welche dem neuen Majestätswappen ihre lobende Huldigung darbringen, und der besten Einer, Otto Titan von Hefner, faßt sein Urteil dahin zusammen, daß er sagt, ›es zeige in der Wahl und Anordnung der einzelnen Wappenbilder ein sinniges Ineinandergreifen der Heraldik und Geschichte‹ und sogar Ritter von Mayerfels gibt zu, daß das jetzige bayerische Staatswappen heraldisch schön zu nennen sei. Wenn indessen dieser gründliche Kenner der bayerischen Wappenkunde lebhaft bedauert, daß der altehrwürdige wittelsbachische Hausadler – dem das Recht der Erstgeburt zukomme – nicht auch einen würdigen Platz im jetzigen bayerischen Majestäts- und Staatswappen gefunden hat ...«

Aber bei allem Verständnis meint Jochner dann doch, das Wappen von 1835 hätte eine solche Popularität erlangt, daß eine Änderung sicher nicht empfehlenswert gewesen wäre.

Nun muß man hier darauf hinweisen, daß das bayerische Wappen immer populär war. Das herzogliche, kurfürstliche und die beiden königlichen Wappen haben sich beim Volk einer großen Beliebtheit erfreut. Die Bevölkerung hat es vielfältig verwendet, ohne lang zu fragen, ob es erlaubt ist oder nicht, und von Seiten der hohen Obrigkeit hat man dies stillschweigend und manchmal wohl mit Schmunzeln geduldet, wohl wissend, daß nur eine Bevölkerung dieses königliche Symbol übernimmt, die mit Staat und Obrigkeit zufrieden ist und an diesem Wappen Gefallen findet. Die Verwendung des bayerischen Wappens in der Volkskunst ist ein Beweis dafür. Wenn bayerische Bürger diesen Staat nicht anerkannt, wenn sie an seinem Wappen keinen Gefallen gefunden hätten, wenn sie mit ihren Fürsten nicht einverstanden gewesen wären, hätten sie dieses Wappen eben nicht auf ihre Fayencekrüge malen, auf Zinn- oder Glaskrüge gravieren, in Holzmodeln schneiden, in Ofenplatten gießen lassen. Keiner der Herzöge, Kurfürsten und Könige von Bayern wäre je auf die Idee gekommen, Einspruch zu erheben, wenn bayerische Bürger und Bauern ihr Bier aus Krügen getrunken ha-

75

ben, auf denen das bayerische Wappen, das heißt »ihr fürstliches Familienwappen« gemalt war. An der Tatsache, daß man aus einem Holzmodel das bayerische Wappen aus Lebkuchen oder Eiermarzipan gebakken hat, um es hintennach zu essen, hat sich niemand gestoßen. Daß man es schon in den ersten Jahren des Königreiches auf Schießscheiben gemalt hat, um dann darauf zu schießen, war durchaus kein Akt der Respektlosigkeit oder gar der Ablehnung, sondern vielmehr der Freude am Dekorativen. Das königliche Wappen hat beispielsweise auch der Reichenhaller Bürgerwehr gefallen – sie hat es auf die Scheibe malen lassen, weil es halt einfach schön war.

Das erste Wappen des Freistaates Bayern

Von 1923 bis 1936

Als sich am Nachmittag des 7. November 1918, geführt von revolutionären Schwärmern, ein wüster Menschenhaufen grölend durch die Straßen der Haupt- und Residenzstadt München wälzt, Kasernen und Zeughäuser stürmt, Fenster einschlägt, als sich unter dem Vorsitz Kurt Eisners in der Haupteinkehr der Münchener Garnison, im Mathäser, ein Arbeiter- und Soldatenrat bildet und der wiederum Bayern zum freien Volksstaat erklärt, schauen die Bürger Münchens diesem Treiben kopfschüttelnd, verschreckt und ängstlich zu. In vier langen Kriegsjahren sind sie zermürbt und müde geworden. Die Revolution wird ohne die Bürger gemacht, und als die Bevölkerung sich am nächsten Tag den Schlaf aus den Augen wischt und die Rolläden hinaufzieht, ist es mit dem Königreich Bayern zu Ende gegangen. Die Regierung hat hilf-, kopf- und tatenlos dem Treiben zugesehen und den König im Stich gelassen. König Ludwig III., von den Ereignissen überrumpelt, von seiner eigenen Regierung falsch informiert, wenn nicht gar belogen, hat in jener Nacht vom 7. auf den 8. November 1918 auf das Drängen seines Innenministers Friedrich von Brettreich die Stadt verlassen. Damit verliert am Abend des 7. November 1918 das königliche Wappen für den Staat seine Gültigkeit; es bleibt das Familienwappen der Wittelsbacher.

Bereits sehr früh, noch im November 1918, bemüht man sich um ein neues Wappen. Auf den ersten Blick frägt man sich heute, ob man damals, nach einem verlorenen Krieg und unmittelbar nach der Revolution, keine anderen Sorgen gehabt hat. Aber man braucht sich nur vor-

77

zustellen: Es gibt gerade in solchen Tagen, mehr noch als in normalen Zeiten, Verordnungen und Erlässe, Verfügungen und Beglaubigungen – und sie alle sollen ein offizielles Zeichen tragen und damit demonstrieren, daß sie von der Regierung kommen oder von einer Gemeinde. Da kann man dann schon verstehen, daß es einer hohen Obrigkeit doch peinlich ist, unmittelbar nach dem Sturz der Monarchie, gerade mit den Zeichen des Königreiches zu siegeln.

In Bayern hat man das Glück, den Altmeister der Heraldik, Professor Otto Hupp, beauftragen zu können, ein neues Wappen für den Freistaat Bayern zu schaffen. Damals werden erneut Kritiken am alten Wappen laut. So schreibt Professor Otto Hupp, »Das Königlich bayerische Staats- bezw. Majestätswappen … war von König Ludwig I. geschaffen und durch allerhöchste Verordnung vom 18. Oktober 1835 verkündet worden. Der hochentwickelte Kunstsinn des willensstarken Königs hatte seinem Lande damit ein wirkungsvolles Wappen gegeben, dessen Schönheit allseitig anerkannt wurde, während sich gegen die heraldische Richtigkeit alsbald Bedenken erhoben. Der König wollte in den Feldern des Wappens die verschiedenen Volksstämme Bayerns vertreten sehen. Aber man bemängelte mit Recht, daß das im dritten Felde des Hauptschildes stehende Wappen der Markgrafschaft Burgau, wenn sie schon in Schwaben liege, doch unmöglich den schwäbischen Volksstamm vertreten könne, und daß der blaue Löwe des vierten Feldes keineswegs das Wappentier der Zweibrücker Linie der pfälzischen Wittelsbacher, sondern nur das der Grafschaft Veldenz sei, die aber, ebenso wie Zweibrücken, schon durch den Pfälzer Löwen des ersten Feldes vertreten wurde. Obwohl diese Mängel auch von den maßgebenden Kreisen längst erkannt waren, war der Umstände und Kosten wegen an eine Änderung des Wappens damals doch nicht zu denken …«

FREISTAAT BAYERN
1923 – 1936

Schon im November 1918 kommen die ersten Anregungen von Seiten des Finanzministeriums. Die Überlegungen und Verhandlungen, zum Teil unterbrochen von politischen Wirren, ziehen sich bis zum Jahre 1923 hin. Am 20. Juli 1923 wird der Entwurf von Professor Hupp im Bayerischen Landtag angenommen und im *Gesetz- und Verordnungs-Blatt für den Freistaat Bayern* vom 27. November 1923 endlich auch veröffentlicht:

»Gesetz über das Wappen des Freistaates Bayern.

Der Landtag des Freistaates Bayern hat das folgende Gesetz beschlossen:

Art. 1. Das große bayerische Staatswappen besteht aus einem gevierten Schild; das erste Feld ist von Weiß (Silber) und Blau schräg-rechts gerautet; das zweite Feld zeigt in Schwarz einen goldenen rotbewehrten Löwen; das dritte Feld enthält in Gold drei übereinander aus dem Spalte hervorbrechende herschauende rot-bewehrte schwarze Löwen; das vierte Feld ist von Rot und Weiß (Silber) mit drei aufsteigenden Spitzen geteilt. Der Schild wird von zwei goldenen rot-bewehrten Löwen gehalten. Auf dem Schilde ruht eine Volkskrone; sie besteht aus einem mit Steinen geschmückten goldenen Reifen, der oben mit fünf ornamentalen Blättern besetzt ist.

II. Das kleine bayerische Staatswappen besteht aus einem Weiß (Silber) und Blau schräg-rechts gerauteten Schild, auf dem die Volkskrone ruht.

Art. 2. Das Gesetz ist dringend.

München, den 20. Juli 1923.

Im Namen des Landtags: Königbauer, Präsident. Das Gesamtministerium: Dr. v. Knilling. Gürtner. J. V. v. Völke. J. V. Dr. Hauptmann. Krausneck. – Oswald. J. V. Lang. J. V. Dr. Schmidt.«

Das erste Feld mit den Rauten steht für Altbayern, das zweite für die Pfalz, das dritte für Schwaben, das vierte für Franken: Dieses Wappen gilt als das heraldisch richtigste. Und daß man für Schwaben die drei Löwen gewählt hat, begründet der Staatsarchivdirektor Klemens Stadler: »... für Schwaben wählte man aber nunmehr die Löwen der Staufer. Daß sie nur halb, aus dem Spalt hervorbrechend, wiedergegeben wurden, war eine bewußte Anspielung auf die Tatsache, daß nur ein Teil des ursprünglichen Herzogtums Schwaben heute zum bayerischen Staatsgebiet gehört. Die heraldisch und künstlerisch gleich wertvolle Schöpfung muß als die beste Lösung gelten.«

Es kommt das Jahr 1933. Noch drei Jahre hat das Wappen des Freistaates Bayern seine Gültigkeit behalten, dann hat man im Reich für Länder und schon gleich für einen Freistaat Bayern keinen Platz mehr. Sein Symbol, sein Wappen, wird 1936 von Reichs wegen verboten.

Das zweite Wappen des Freistaates Bayern

Seit 1950

Nach dem Zweiten Weltkrieg kommen die Länder durch die föderalistische Verfassung wieder zu Ehren. Bayern wird ein eigenes Bundesland. Man besinnt sich auf das Wappen. Warum man nicht einfach auf das alte zurückgegriffen hat, das ja nach dem Urteil der Fachleute das schönste und heraldisch einwandfreieste, richtigste war, ist heute nicht mehr zu verstehen. Wie dem auch sei, man hat Professor Eduard Ege mit dem Entwurf eines neuen Wappens für den Freistaat Bayern beauftragt.

Der Landtag genehmigt den Entwurf und am 2. November 1950 wird im *Bayerischen Gesetz- und Verordnungsblatt* folgendes veröffentlicht:

»Gesetz über das Wappen des Freistaates Bayern

Vom 5. Juni 1950

Der Landtag des Freistaates Bayern hat folgendes Gesetz beschlossen, das nach Anhörung des Senats hiermit bekanntgemacht wird:

Art. 1

I. Das große bayerische Staatswappen besteht aus einem gevierten Schild mit einem Herzschild. Das erste Feld zeigt in Schwarz einen aufgerichteten goldenen, rotbewehrten Löwen; das zweite Feld ist von Rot und Weiß (Silber) mit drei aus dem Weiß aufsteigenden Spitzen geteilt; das dritte Feld zeigt einen blauen, goldbewehrten Panther auf weißem (silbernem) Grund; im vierten Feld sind auf Gold drei schwarze übereinander angeordnete, herschauende, rotbewehrte Löwen dargestellt. Der Herzschild ist in Weiß (Silber) und Blau schräg rechts gerautet.

Der Schild wird von zwei goldenen, rotbewehrten Löwen gehalten.

FREISTAAT BAYERN
seit 1950

Auf dem Schild ruht eine Volkskrone; sie besteht aus einem mit Steinen geschmückten goldenen Reifen, der mit fünf ornamentalen Blättern besetzt ist.

II. Das kleine bayerische Staatswappen besteht aus einem in Weiß (Silber) und Blau schräg rechts gerauteten Schild, auf dem die Volkskrone ruht.

Art. 2

Dieses Gesetz tritt [rückwirkend] am 8. Dezember 1946 in Kraft.

München, den 5. Juni 1950

Der Bayerische Ministerpräsident
Dr. Hans Ehard

Bekanntmachung der Bayerischen Staatsregierung über die Führung des Wappens des Freistaates Bayern

Vom 12. Oktober 1950

Zum Vollzug des Gesetzes vom 5. Juni 1950 (GVBl. S. 207) wird bestimmt:

1. Die Grundform des großen und des kleinen bayerischen Staatswappens ist aus den Zeichnungen nach Anl. 1 und 2 ersichtlich, die nach Entwürfen des Professors und Kunstmalers Ege hergestellt sind.

2. Die Befugnis zur Führung des großen Staatswappens steht den staatlichen Zentral- und Mittelstellen, die Befugnis zur Führung des kleinen Staatswappens den äußeren staatlichen Behörden zu.

Des großen Staatswappens können sich auch der Präsident des Bayer. Landtags und der Präsident des Bayer. Senats bedienen.

Die Führung des kleinen Staatswappens im Dienstsiegel ist den Gemeinden gestattet, soweit nicht das Recht auf Führung eines besonderen Wappens besteht.

Das Staatsministerium des Innern kann aus besonderen Gründen anderen Körperschaften sowie Anstalten und Stiftungen des öffentlichen Rechts, die der Aufsicht bayerischer Staatsbehörden unterstehen, die Verwendung des kleinen Staatswappens im Dienstsiegel gestatten ...«

Zu diesem Wappen sagt Klemens Stadler etwas resignierend, er sehe »... keinen zwingenden Grund, das Wappen des Freistaates Bayern abzuändern«. Zumal sei nicht einzusehen, warum die staufischen Löwen nun in ihrer vollen Größe zu sehen sind, da doch nur ein Teil des staufischen Gebietes auf bayerischem Boden liege. Otto Hupp habe sehr wohl seinen guten Grund gehabt, die staufischen Löwen nur aus der Spalte hervorbrechend und nicht in voller Größe zu zeigen. An einer anderen Stelle schreibt dieser anerkannte Heraldiker unserer Tage recht deutlich: »So kam es zu einem viel kritisierten Kompromiß zwischen den Wappen von 1835 und 1923: Aus dem ersteren entlehnte man den Herzschild mit den Rauten und die vier Felder, wodurch der Forderung nach Klarheit und Einfachheit nicht gedient wurde; die drei Stauferlöwen erscheinen zwar in ganzer Gestalt, werden aber zum Teil durch den Herzschild angeschnitten. Die Hinzunahme des spanheimischen Panthers, der vielfach unbekannt ist und daher mitunter für einen eigenartig aussehenden bayerischen Löwen gehalten wird, zerstörte das schöne Gleichgewicht der Tierfiguren und der Heroldsbilder und die farbliche Ausgeglichenheit, die im Wappen von 1923 ohne Einschränkung anerkannt wurden.« Der sogenannte spanheimische Panther steht für Niederbayern. Die Herzöge von Niederbayern haben ihn im 13. und 14. Jahrhundert als Nebenwappen geführt.
Eigenartigerweise gibt es zu dem Gesetz über das Wappen des Frei-

staates Bayern vom 5. Juni 1950 keine Beschreibung, in der festgelegt ist, welches Feld für welchen Stamm steht. Der fränkische Rechen bräuchte nicht erklärt zu werden, die staufischen Löwen für Schwaben auch nicht. Der Löwe sollte seinerzeit ohne Frage nicht nur für die Oberpfalz allein stehen, sondern auch für die Rheinpfalz, auf deren Rückgliederung man damals noch hoffte. Niederbayern symbolisiert der spanheimische Panther, und für Oberbayern sollten die Rauten stehen. So war jedenfalls die allgemeine Meinung, so war auch die mündliche Auskunft im Hauptstaatsarchiv.

Die Rheinpfalz ist im Verlauf der Geschichte der Bundesrepublik Deutschland doch nicht mehr nach Bayern zurückgegliedert worden, und es bestand ohne Frage eine gewisse Unsicherheit über die Bedeutung der Felder im großen Staatswappen, die am 29. Januar 1975 zu einer Anfrage der bayerischen Staatskanzlei beim Hauptstaatsarchiv geführt hat. In dem Antwortschreiben vom 29. Januar 1975 werden die Felder folgendermaßen erklärt: »1. Die bayerischen Rauten im Herzschild stellen den bayerischen Gesamtstaat dar. 2. Der ›Pfälzer Löwe‹ im ersten Feld bezieht sich auf die altbayerischen-oberpfälzischen Bezirke. 3. Der ›Fränkische Rechen‹ im zweiten Feld gilt als Sinnbild der drei fränkischen Regierungsbezirke. 4. Der Panther im dritten Feld kann als Hinweis auf die altbayerischen Landesteile, vor allem in den Bezirken Niederbayern und Oberbayern, gelten. 5. Das vierte Feld mit den drei Löwen symbolisiert das bayerische Schwaben.« Diese Auslegung birgt doch einige Zweifel: Daß das Rautenschild nun den bayerischen Gesamtstaat darstellen soll, könnte man noch verstehen, obwohl ja die dargestellten Stämme diesen Gesamtstaat ausmachen. Daß aber ausgerechnet der sogenannte spanheimische Panther, den die Herzöge von Niederbayern nur im 13. und 14. Jahrhundert (und da nur

als Nebenwappen) geführt haben, nun nicht nur für Niederbayern sondern auch für Oberbayern gelten soll, ist doch eine etwas sonderbare
Erklärung. Ganz abgesehen davon, daß die Formulierung, der Panther
»kann« als »Hinweis für die altbayerischen Landesteile, vor allem in
den Bezirken Niederbayern und Oberbayern« gelten, auch eine recht
merkwürdige und vage Formulierung ist.

Ist nun heutzutage das Wappen eines Staates überholt?

Sicher nicht! Es ist Symbol dieses unseres Staates – und wohl dem
Staat, dessen Bürger sich an diesem Emblem erfreuen, die sich gern zu
ihm bekennen.

Im *Bayerischen Gesetz- und Verordnungsblatt* vom 31. Juli 1964 wird
aber allerdings eine *Verordnung zur Ausführung des Gesetzes über das
Wappen des Freistaates Bayern* veröffentlicht. Diese Verordnung, datiert
vom 24. Juli 1964, ist am 1. August 1964 in Kraft getreten, und in ihr
sind in langer Liste die Institutionen genannt, die berechtigt sind, das
große Staatswappen zu führen, vom Bayerischen Ministerpräsidenten
über die Staatskanzlei, den Landtag, den Senat und die Ministerien bis
herunter zu den staatlichen Rechnungsprüfungsämtern in Ansbach,
Augsburg, Bayreuth, München, Regensburg und Würzburg.

Im Paragraph 2 heißt es dann: »Die übrigen staatlichen Behörden
und staatlichen Stellen führen das kleine Staatswappen.« In einer weiteren Liste sind dann die staatlichen Stellen und Institutionen aufgeführt, die das kleine Staatswappen führen dürfen.

Paragraph 4: »Das Recht zur Wappenführung umfaßt die Befugnis,
das Wappen im Dienstsiegel, im Briefkopf, auf amtlichen Drucksachen
und auf Amtsschildern zu verwenden.«

Paragraph 5: »Es steht jedermann frei, das große und das kleine

Das kleine Staatswappen seit 1950

Staatswappen zu künstlerischen, kunstgewerblichen oder heraldisch-wissenschaftlichen Zwecken zu verwenden. Jede andere Verwendung ist nur mit Genehmigung des Staatsministeriums des Innern zulässig …« In den *Bayerischen Gesetz- und Verordnungsblättern* Nr. 17/1965, Nr. 21/1966, Nr. 12/1968 und Nr. 5/1969, ferner in den *Amtlichen Veröffentlichungen des Bayerischen Staatsanzeigers* 27/1969 werden im Lauf der Zeit Verordnungen und Bekanntmachungen zum Gesetz über das Wappen des Freistaates Bayern vom 24. Juli 1968 veröffentlicht; aber am Wappen des Freistaates Bayern ändern sie nichts.

Bis heute hat sich der bayerische Bürger die Freude an seinem Wappen bewahrt, und auch heute gilt wie ehedem, daß derjenige, der diesen Staat ablehnt, auch an dem Symbol dieses Staates, dem Wappen nämlich, keine Freude haben würde. Aber bei uns weiß man um die Geschichte dieses Landes; man ist stolz darauf, Bürger des ältesten Staates der Bundesrepublik zu sein, und gerade deshalb schaut man bei uns sehr wohl auf ›unser‹ Wappen.

Tatsächlich ist ja nun, wie gesagt, seit den Novembertagen 1918 das Staatswappen nicht mehr identisch mit dem des Königs. Vielmehr ist das Wappen von 1923 im wahrsten Sinn des Wortes ›unser‹ Wappen geworden. Das ist den Bürgern unseres Landes wohl nie so recht bewußt geworden, weil die hohe Obrigkeit einstens klug genug war und nie den Zweifel hat aufkommen lassen, es könnte nur das Wappen des Kurfürsten oder des Königs, auf keinen Fall aber das des Bürgers sein.

Mit dem Wappen des Freistaates wird das anders: es ist unser Wappen geworden, nicht das einer Behörde, eines Ministeriums oder einer staatlichen Institution; denn wer ist dieser Freistaat Bayern? Dieser Freistaat sind wir – seine Bürger.

Nun ergeben sich – nachdem man zu diesem Wappen ein eigenes Gesetz geschaffen hat und diverse Verordnungen dazu – einige Probleme. Vor allem deswegen, weil man dabei den Bürger selbst anspricht, indem man ihm mit etwas vagen und sehr vorsichtigen Worten klarzumachen versucht, wann er das Wappen verwenden darf und wann nicht.

Seit Jahrhunderten – auch das haben wir angedeutet – haben bayerische Untertanen das jeweilige Wappen auf Bierkrügen und auf Tellern, auf Gläsern und auf Faßböden, auf Schießscheiben und in Verbindung mit Zunftzeichen verwendet. Das ist einmal mit viel Stilgefühl und Geschmack geschehen, ein anderes Mal mit weniger; aber gehindert hat sie daran niemand. Was nun den ehemaligen Untertanen recht war, sollte dem freien Bürger billig sein. Solche Überlegungen stellt man auch in den Ministerien an. Man will den Bürgern sozusagen ›alte

Rechte‹ wahren und möchte andererseits den Mißbrauch des Wappens verhindern. So kommt es, nachdem das Wappen bereits vierzehn Jahre lang seine Gültigkeit hat, 1964 zu der *Verordnung zur Ausführung des Gesetzes über das Wappen des Freistaates Bayern*, dessen Paragraph 5, wie gesagt, jedermann freistellt, das große und das kleine Staatswappen zu künstlerischen, kunstgewerblichen, auch zu heraldisch-wissenschaftlichen Zwecken zu verwenden. Jede andere Verwendung aber bedarf der Erlaubnis des Innenministeriums.

So sehr es auch im Sinn guter bayerischer Bürger sein muß, wenn von staatswegen versucht wird, »unser Wappen« vor Mißbrauch zu schützen, so problematisch sind aber auch Formulierungen dieser Art. In welchen Fällen wird das große oder kleine Staatswappen künstlerisch verwendet? Wo beginnt überhaupt der Begriff künstlerisch und wo hört er auf? Im Bereich des Kunstgewerbes läßt sich noch verhältnismäßig leicht feststellen, was Kunstgewerbe ist und was nicht; obwohl auch hier die Grenzen fließen. Aber möchte man sich gerade im Bereich des Kunstgewerbes nicht manchmal wünschen, daß es verboten ist, das Wappen des Freistaates Bayern zu verwenden?

Welche Wappenanarchie herrscht nicht gerade auf diesem Gebiet. Auf wie vielen kunstgewerblichen Gegenständen ist das Wappen einfach falsch, es entspricht weder dem heute gültigen noch irgend einem der alten Wappen. Wie oft ist es ein Konglomerat aus allen. Vielleicht ist so manches dieser sogenannten bayerischen Wappen auf kunstgewerblichen Gegenständen absichtlich und nur deshalb falsch, damit Gesetz und Verordnung nicht anwendbar sind. Und wie oft im Bereich des Kunstgewerbes ist das Wappen des Freistaates Bayern ein Dekor von glattem Kitsch! Und Gesetz und Verordnung sehen keine Möglichkeit, dagegen einzuschreiten.

Seit den Jahren 1968 und 1969 ist es ein weitverbreiteter Brauch geworden, auf den Autos die Plakette ›Freistaat Bayern‹ mit dem Wappen anzubringen. Es soll hier nicht untersucht werden, welche Gründe dazu geführt haben. Ist es das wachsende Unbehagen vor Bonner Zentralisten oder ist es der Stolz auf Eigenstaatlichkeit? Ist es nur die Koketterie eines selbstbewußten bayerischen Bürgers, ist es eine Trotzhandlung oder die reine Freude am schönen Wappen? Wie dem auch sei – diese kleinen Plaketten schmücken viele Kraftwagen, und man muß dazu sagen, daß sie – ob als Folie oder als Emailleplakette –, so klein sie auch sind, sauber und gut aussehen, daß sie völlig frei von Kitsch sind.

Trotzdem haben diese Plaketten im Ministerium Überlegungen ausgelöst, ob ein Auto mit dieser kleinen Plakette für einen Wagen im Staatsdienst gehalten werden könnte und ob folglich eine solche Plakette rechtens und erlaubt ist oder nicht. Das Ergebnis all dieser Überlegungen ist die Verordnung, die im *Gesetz- und Verordnungsblatt* (Nr. 5/1969) veröffentlicht ist. Die Plaketten auf den Autos haben sie zwar ausgelöst und trotzdem werden sie in dieser Verordnung direkt nicht angesprochen. Man wiederholt und beschränkt vielmehr die Verwendung zu künstlerischen und kunstgewerblichen Zwecken.

Dabei könnte man durchaus die Ansicht vertreten, daß die Plaketten auf Autos unter den Begriff Schmuckbedürfnis und Kunstgewerbe fallen. Diese Gedanken sollen keine Kritik sein, sie sollen vielmehr die Problematik eines derartigen Gesetzes und der ihm folgenden Verordnungen aufzeigen. Ist es nicht besser, das bayerische Wappen in einer dezenten hübschen Form auf Autos zu dulden, als auf einem kitschigen Schnapssouvenirkrügel eigens zu schützen? Sollte man diese Dinge nicht offen lassen? Sollte man Verbot und Erlaubnis nicht nach den Begriffen würdig und unwürdig messen? Sicher, auch hier sind die Grenzen fließend, aber dem hochgradigen Kitsch könnte man begegnen und denen, die sich auf ihrem Auto mit unserem Wappen über unser Wappen lustig machen. Was könnte der Staat dagegen tun, wenn Bürger einer solchen Verordnung dadurch ausweichen, daß sie das Wappen des Königreiches Bayern auf ihrem Wagen anbringen? Gar nichts kann er dagegen tun. Es ist nämlich nicht sein Wappen. Und ist dann unserem Freistaat Bayern gedient?

Seien wir froh, daß Bayern wohl als einziger Staat in der Bundesrepublik aufgrund seiner historischen Entwicklung Staatsbewußtsein entwickelt hat. Freuen wir uns als Bürger unseres Staates über ›unser Wappen‹. Und mag das Wappen dem jeweiligen Zeitgeschmack entsprechend einmal aufwendiger und einmal schlichter gestaltet gewesen sein, mag es einmal heraldisch richtiger gewesen sein als das andere Mal – eines ist allen bayerischen Wappen gemeinsam: sie sind einfach schön.

Anhang

WEITERFÜHRENDE LITERATUR
(AUSWAHL)

J. P. Beierlein, *Die Medaillen und Münzen des Ge-sammthauses Wittelsbach*. Auf Grund eines Ma-nuskriptes von J. P. Beierlein bearbeitet und herausgegeben v. kgl. Conservatorium des Münzkabinetts. München 1897 und 1901.

Berchem-Galbreath-Hupp, *Die Wappenbücher des deutschen Mittelalters*, Beiträge zur Ge-schichte der Heraldik 1939.

Siegfried Hofmann, *Urkundenwesen, Kanzlei-und Regierungssystem der Herzöge von Bayern und Pfalzgrafen bei Rhein von 1180/1214 bis 1255/1294.* Kallmünz 1967.

Otto Hupp, *Die Wappen und Siegel der deutschen Städte, Flecken und Dörfer.* Band 2: Kgr. Bay-ern. Frankfurt 1912.

Georg Maria Jochner, *Das Wittelsbachische Haus-wappen,* Sonderabdruck aus „Das Bayerland", München 1894.

J. v. Kull, *Repertorium zur Münzkunde Bayerns,* 1890–1906.

Georg Leidinger, *Turnierbuch Herzog Wilhelm IV. v. Bayern.* In: Miniaturen aus Handschriften der Kgl. Hof- und Staatsbibliothek in Mün-chen, Heft 3, München 1912 ff.

Mayerfels Ritter von, *Der Wittelsbacher Stamm-, Haus- und Geschlechtswappen.* 1880.

K. Primbs, *Die Entwicklung des Wittelsbacher Wappens von Herzog Otto I. bis Kurf. Max III. Jo-sef.* In: Archivalische Zeitschrift 8 (1883), S. 247–269; Archivalische Zeitschrift 13 (1888), S. 109–209; Archivalische Zeitschrift, Neue Folge I (1890), S. 65–105; Archivalische Zeit-schrift, Neue Folge II (1891), S. 1–26; Archivali-sche Zeitschrift, Neue Folge III (1892), S. 136 bis 175.

Siegmund Riezler, *Geschichte Bayerns.* Gotha 1889, Band III, S. 656 f.

Klemens Stadler, *Das bayer. Staatswappen.* In: Der Familienforscher in Bayern, Franken und Schwaben, I, 1950/54, S.2–18.

Klemens Stadler, *Deutsche Wappen.* Bremen 1964–1972. Hier Band IV u. VI (die Gemeinde-wappen des Freistaates Bayern).

Klemens Stadler, *Das bayerische Inn-Oberland.* (1952), Band 23, S. 45 f.

KATALOGE:

Bayern. Kunst und Kultur. Ausstellung im Münch-ner Stadtmuseum 1972. München (1972).

Wappen in Bayern. Kat. der Ausstellung des Baye-rischen Hauptstaatsarchivs in Verbindung mit der Bayerischen Staatsbibliothek aus Anlaß des 12. Internationalen Kongresses für genealogi-sche und heraldische Wissenschaften. Mün-chen 1974.

Die Zeit der frühen Herzöge. Von Otto I. zu Ludwig dem Bayern. Kat. der Ausstellung auf der Burg Trausnitz. München 1980. (Bd. I/2: vor allem Siegel, Kat. Nrn. 58, 113, 114, 115, 116, 117, 149, 150, 324.)

ERKLÄRUNG VON ABKÜRZUNGEN

Auflösung der in diesem Buch aus der Literatur und den Quellen übernommenen Abkürzun-gen:

A.D. = Auswärtiges (Ministerial-) Departement

F.D. = Finanz- (Ministerial-) Departement

G.D. = (Ministerial-) Departement für geistliche Angelegenheiten (entspricht dem heutigen Kultusministerium)

J.D. = Justiz- (Ministerial-) Departement

D.G. = Dei gratia: von Gottes Gnaden

S.R.I. = Sanctum Romanum Imperium (mit Deklinationen): Heiliges Römisches Reich

ERKLÄRUNG HERALDISCHER FACHAUSDRÜCKE

Armschild: der von einem gerüsteten Ritter am (meist linken) Arm getragene Schild, als Erkennungszeichen mit seinem Wappenbild geziert.

Avers: Vorder- (oder Haupt-)Seite einer Münze, Gegenteil: revers.

Balken: ein → Heroldsbild, das als breiter Streifen den Wappenschild quert oder rechts- oder linksschräg teilt; zu unterscheiden vom → Faden.

bewehrt: meist durch andere Farbe abgehobene ›Waffen‹ (Schnabel, Krallen u. ä.) von natürlichen → Gemeinen Figuren.

Blasonierung: die heraldisch korrekte Beschreibung eines Wappens. Die *Ansprache* erfolgt von rechts nach links (vom Schildträger aus) und von oben nach unten. Daran anschließend die Beschreibung des Schildes und seiner Aufteilung (→ Schildaufteilung); ihr folgt die Nennung des Helms, des Kleinods und der Decke (→ Helm), dann die Beschreibung der → Schildhalter und des → Wappenmantels.

Damaszierung: flächig-abstrakte Musterung eines Feldes, dessen → Tinktur durch den ›Damast‹ lediglich dekorativ belebt wird.

Devise: urspr. durch ein Sinnbild ausgedrückter Wahlspruch, der später zur Verdeutlichung der sinnbildlichen Figur beigegeben wurde: diese wird als ›Körper‹ bezeichnet, der Wahlspruch als ›Seele‹. In der Heraldik noch beispielsweise gebräuchlich bei den persönlichen Wappen der Päpste oder in den großen Staatswappen (z. B. England).

Dreiberg: natürliche → gemeine Figur, die meist in bogiger Form einen Berg symbolisiert, wobei die mittlere Erhöhung die beiden seitlich flankierenden überragt.

Dreipaß: bei der → Blasonierung verwendeter Begriff, um die Stellung → gemeiner Figuren innerhalb des Schildes zu beschreiben: 2 zu 1 bedeutet 2 Figuren oben, 1 Figur unten (oder umgekehrt: 1 zu 2).

Exergue: in der Numismatik die Bezeichnung für eine Inschrift, die über oder unter dem eigentlichen Gepräge, manchmal in einem abgetrennten Feld, angeordnet ist. Nicht zu verwechseln mit → Devise.

Faden: ein → Heroldsbild, ähnlich dem → Balken, jedoch wesentlich schmäler: er quert den Schild waagrecht oder teilt in → rechts- oder linksschräg.

Fänge: aus der Jägersprache übernommene Bezeichnung für die Greiffüße eines Vogels (ähnl.: Schwingen, Flug, Läufe).

Fuß: bei → Schildaufteilung Bezeichnung für das untere Feld eines → gequerten Wappenschilds (oberes Feld: Schildhaupt).

gekrönt: dem Wappenschild aufgesetzte Krone zur Bezeichnung der Adelswürde des Wappeneigners (→ Helm) oder als schmückende Bereicherung bei Staatswappen.

Gemeine Figuren: gegenständliche Wappenbilder, bei denen unterschieden wird zwischen *natürlichen* Figuren (Tiere, Tier- oder Menschenteile, Pflanzen, Sterne, Berge u. ä.), *erdichteten* (wie Ungeheuer, Phantasietiere u. -pflanzen etc.) und *künstlichen* (Kreuze, Waffen, Geräte usw. sowie alle Gegenstände der Kunst und des

Handwerks, z. B. berufl. Symbole).
→ Adler, S. 10 ff; Löwe, S. 15 ff; Rauten, S. 19 ff; Panther, S. 22 ff.

gequert: ein → Heroldsbild, bei dem der Schild von rechts nach links geteilt ist.

geschacht: → Schach.

gespalten: ein → Heroldsbild, bei dem der Schild von oben nach unten geteilt ist. (S. a. Schildaufteilung.)

geteilt: → gequert.

geviert, auch quadriert: eine → Heroldsfigur, bei der der Schild in 4 Felder gespalten und geteilt ist. (S. a. Schildaufteilung.)

Gezelt, auch Wappengezelt: → Wappenmantel.

Gonfalon(e): Kriegsfahne, Banner.

Helm: Hauptbestandteil des Wappens, aber jünger als der Schild; seinem Oberrand ruht er mit dem Bruststück auf und überdeckt ein wenig die Ortstelle. Vom Ende des 12. bis zum 15./16. Jh. werden (entspr. der Entwicklung der Rüstung) Glocken- bzw. Topfhelme, Kübelhelme, Stech- und Spangenhelme verwendet. – Seit dem 13./14. Jh. tragen die Helme ein *Helmkleinod* (auch *Helmfigur*, *Helmzier*), eine plastisch auf dem Helm zum Schmuck und zur Kenntlichkeit angebrachte Figur, die mit dem Wappenbild nicht identisch zu sein braucht. – Der die Befestigung des Helmkleinods verdeckende Stoffwulst entwickelte sich von der anfänglich kurzen *Helmdecke* zu reichen künstlerischen Formen: sie waren an den Rändern eingeschnitten (›gezaddelt‹), blattähnlich (›geblattet‹), wie Bänder (›gebandelt‹) geformt oder wie Tücher (›getucht‹) behandelt (nicht zu verwechseln mit → Wappenmantel). Für ihre Tingierung sind in der Regel die Schildesfarben maßgebend, wobei für die Innenseite der Decke Metall, für ihre Außenseite Farbe verwendet wird.

Heroldsbilder, auch Heroldsstücke genannt: die sich aus linearen Einteilungen des Wappenschildes ergebenden flächigen, meist geometrisch-abstrakte Bilder. Im Gegensatz zu den gegenständlichen Bildern der → Gemeinen Figuren.
→ Rauten, S. 19 ff; → Zickzackbalken, S. 13 ff.

Herzschild: dem Hauptschild in seiner Mitte aufgesetzter kleinerer Schild (hier auf → geviertem Schild).

linksschräg: Teilung eines Schildes von links oben nach rechts unten (→ Schildaufteilung von B nach C); als ›links*läufig*‹ angewendet auf die Laufrichtung von Heroldsbildern (z. B. Rauten).

Oberwappen: auch Nebenstücke genannt, bestehen aus → Helm und Helmmantel oder aus dem → Wappenmantel. – Zu den Nebenstücken gehören auch die → Schildhalter.

rechtsschräg: Teilung eines Schildes von rechts oben nach links unten (→ Schildaufteilung von A nach D); als ›rechts*läufig*‹ angewendet auf die Laufrichtung von Heroldsbildern (z. B. Rauten).

Revers: Rückseite einer Münze; Gegensatz: avers.

Schach: in der Regel ein → Heroldsbild, bei dem der Schild in Quadrate *geschacht* ist; vereinzelt auch bei → Gemeinen Figuren angewendet.

Schildaufteilung: bei der Beschreibung (Blasonierung) eines Wappens wird innerhalb des Hauptschilds zuerst der *Herzschild* (s. u.) angesprochen, dann (wenn vorhanden) der diesen umgebende *Mittelschild;* ihm folgt die Aufzählung der einzelnen *Felder* (oder *Quartierte*) des Hauptschilds von rechts nach links (vom

Schildträger aus) und von oben nach unten. Enthält ein Hauptschild in der *Pfahlstelle* (s. u.) mehrere Wappenschilde untereinander, wird der oberste Schild als *Ehren-* oder *Hauptschild-*bezeichnet, der darunter befindliche ist der *Herzschild,* ihn folgt der *Nabel-* und schließlich der *Fußschild.*

Schildhalter: meist bei sogenannten ›großen‹ (Staats-) Wappen beigegebene menschliche Figuren oder Tiere, beim bayerischen Wappen die Löwen, → S. 32, 53, 79, 83.

Sphragistik: Siegelkunde.

Tingierung: Farbgebung.

Tinkturen: die in der Heraldik ›zugelassenen‹ Farben zerfallen in 2 Metalle, in 5 bzw. 9 Farben und in 2 Pelzwerke, wobei niemals Metall auf Metall und Farbe auf Farbe treffen darf. Den einzelnen Tinkturen wird auch symbolische Bedeutung unterstellt.

Wappenbilder: zu unterscheiden sind → Gemeine Figuren und → Heroldsbilder.

Wappenmantel, auch Wappengezelt: umgibt, meist aus Hermelin und Purpur bestehend, bei fürstlichen Wappen den Schild (mitsamt den Schildhaltern); häufig bekrönt mit der entspr. Krone als Standeszeichen. – Der Wappenmantel (zum Unterschied zur *Helmdecke,* → Helm) wird erst gegen Ende des 17. Jh. üblich (S. 59, 69)

Warteschild: vom Wappeninhaber zur späteren Aufnahme eines Wappenbildes vorgesehener Ledigenschild; dieser enthält weder → Heroldsbilder noch → Gemeine Figuren, sondern

nur eine → Tinktur (manchmal mit → Damaszierung).

Die einzelnen Stellen eines Wappenschilds tragen folgende Bezeichnungen:
A – B: Oberrand – oben
C – D: Unterrand – unten
A – C: rechter Seitenrand – rechts
B – D: linker Seitenrand – links
A – D: rechtsschräg
B – C: linksschräg

Bei *gequertem* Schild
oberes Feld: Schildhaupt
mittleres Feld: Mittelstelle
unteres Feld: Schildfuß

Bei *gespaltenem* Schild
rechtes Feld: rechte Flanke
mittleres Feld: Pfahlstelle
linkes Feld: linke Flanke

Schildnumerierung:
1: rechtes Obereck
2. Ortstelle
3. linkes Obereck
4. rechte Hüftstelle
5. Herzstelle
6. linke Hüftstelle
7. rechtes Untereck
8. Fersenstelle
9. linkes Untereck

96